罗常培先生

語文發展和社會發展聯系起來加深我們的研究

吳玉章

一九五十年 一月

博雅语言学教材系列

语言与文化

注释增订本

罗常培 著
胡双宝 注

北京大学出版社
PEKING UNIVERSITY PRESS

图书在版编目(CIP)数据

语言与文化：注释增订本/罗常培著；胡双宝注.—北京：北京大学出版社，2017.8
（博雅语言学教材系列）
ISBN 978-7-301-28607-4

Ⅰ.①语… Ⅱ.①罗… ②胡… Ⅲ.①汉语—语言学—教材 ②中华文化—教材 Ⅳ.① H1 ② G122

中国版本图书馆 CIP 数据核字 (2017) 第 195835 号

书　　名	语言与文化（注释增订本）
	YUYAN YU WENHUA（ZHUSHI ZENGDING BEN）
著作责任者	罗常培　著　胡双宝　注
责任编辑	王铁军　孙　娴
标准书号	ISBN 978-7-301-28607-4
出版发行	北京大学出版社
地　　址	北京市海淀区成府路 205 号　100871
网　　址	http://www.pup.cn　新浪微博：@北京大学出版社
电子信箱	zpup@pup.cn
电　　话	邮购部 62752015　发行部 62750672　编辑部 62754144
印刷者	河北博文科技印务有限公司
经销者	新华书店
	650 毫米 ×980 毫米　16 开本　15.75 印张　2 插页　200 千字
	2017 年 8 月第 1 版　2025 年 1 月第 5 次印刷
定　　价	32.00 元

未经许可，不得以任何方式复制或抄袭本书之部分或全部内容。
版权所有，侵权必究
举报电话：010-62752024　电子信箱：fd@pup.pku.edu.cn
图书如有印装质量问题，请与出版部联系，电话：010-62756370

说　明

《语言与文化》一书是罗常培先生20世纪三四十年代的重要研究成果。罗先生于1938年辗转抵达昆明西南联合大学后,便利用云南少数民族多的条件,开展民族语言调查。自己调查,组织学生调查,取得了丰硕的成果,《语言与文化》一书附录四《语言学在云南》所列41项成果中,有17项是罗先生自己调查的。1944年至1948年,罗先生借在美国几所大学讲学之机,也收集相关的资料,做类似的调查。

《语言与文化》一书写于半个多世纪前,1950年由北京大学出版部出版。1989年语文出版社出版了经汪大年先生根据作者保存的夹有好几位先生签注意见的本子做过整理的重印版;2004年北京出版社出版了据《罗常培文集》第五卷核校稿排印的新本。2008年由山东教育出版社出版的《罗常培文集》本曾据1989年本核校。

本书重排,依据1950年版,改用简化字。行文及原用名称、术语等不予改动;只把原用汉字写的年、月、日及世纪、年代等改为阿拉伯数字,"国语"改为"普通话";调整了少量标点,如浪线书名号改用《 》等,适当用了顿号。不以原书或后出的版本改订引文。

书中的外国专名,大多附有拉丁字母写法,所以旧译名不改为现在通行译名。如10页那洼和(Nawaho)语,不依《中国大百科全书》改作那伐鹤语；39 页徐勒吉（Gustav Schlegel）不改为史莱格尔。

书中所用民族名称和地名,是当时的叫法,其中有不少发生了变化,今天的读者不一定熟悉,为方便读者,作了一些简单的注释(僮族径改壮族,栗粟族径改傈僳族)。出注以大学文科水平为度。现行县级或相当于县级以上地名不注。1950 年本的注释是脚注,每章统一编序。现在仍为脚注,改为每页编序,用①②等标示。这次加的注则每章统一编序,用[ ]标示,置于章末;个别随文注也用[ ],如自序中向觉明[向达]。少量专名一时没有查到,暂予空缺。有一部分专名不止一次出现,只在第一次出现时加注,并对这些注解编了索引,以方便查检。

1950 年版所附勘误表,已悉予订正,个别其他误植,亦随文订改。

1950 年版,目录每章之下列有要点,以起内容索引作用,今予保留。书后所附著者其他著作目录,亦予保留。

对于 1989 年本据作者保存本增加的内容(包括正文和注),用下加线标示;2004 年本编者对一些论著出版情况加的脚注,移作篇末注,用♯[ ]标示。

书后所附著作目录为 1949 年时的情况。2008 年出版的《罗常培文集》第 10 卷有著作全目,读者可参阅。

这次再版,注者和责任编辑分别核校了 1950 年本。注者对 2009 年"注释本"索引所列 240 条注作了检查修改,新加注 130 条,故名为"注释增订本"。

罗常培先生在第一章说:"假如我这一次尝试能够有些

许贡献,那就可以给语言学和人类学的研究搭起一个桥梁来。"罗先生的《语言与文化》确实起了导夫先路的作用。最近二三十年,论述语言与文化的著作数量可观,而且各有千秋,从语言文化生发开去,天地广阔,读者自可参阅。

不当之处,恳请指正。

胡双宝
2008年8月
2017年5月改订

序　言

陆志韦

自从语言跟文字分了家,语言的地位让象形文字占了去,人已经忘了语言是劳动的工具。一个民族的文化跟所谓思想方式全是手跟发音器官联同创造出来的。人要是不能说话,就不会有合群的工作,也不能把劳动的方法传授给别人。比较复杂一点的机器也全都是手跟口腔联络着工作,才能制造出来。先有语言然后有文字。文字至多不过是古人劳动的记录。文字脱离了语言,脱离了生产,哪里还能代表一个民族的文化呢?

莘田先生写了这本小书,书名是"语言与文化",不是"文字与文化"。这在中国还是一种新的尝试,可是成绩已经是很可观了。我希望中国人的研究语言从此走上了科学的大路,也就是走上了群众路线。中国文化是中国大众的生活方式,中国话(特别是汉语)是中国人创造文化、传播文化的工具。所谓"文物制度""书画琴棋",那是少数人的。汉字也是少数人的。

我念了莘田先生的书,不由得想到我们这些研究中国文化的人是何等的可怜。比如我是研究汉语的语音史的,可老得在汉字上"钻点子"。前些年甚至于不敢把研究的目标说给人家听。莘田先生这书的内容大部分也还得在汉字上下工夫,因为中国话的历史全部是用汉字写下来的,除了少数民族的一些近代史料。

  语言学的工作,它怎能配合上建国的事业,那得靠一些认清楚任务的人来继续努力,通同合作。中国话的条理,它的结构、范畴,究竟对于中国人的思想有什么关系,我们该怎样用语言的工具来改进中国文化,那工具本身该怎样修改,这些问题是极难回答的。1950年1月,陆志韦敬祝莘田先生成功!

自　序

　　这本书前七章的初稿是 1949 年 1 月 28 日深夜,就是夏历戊子除夕,才完成的。当时北京虽已和平解放,但人民解放军还没开进城内;煽惑性的恐怖流言还在传播着。在我写完末一个字把笔搁下的当儿,真没想到在北京解放的周年纪念日,它会全稿印就,将要跟学术界见面了!

　　1943 年夏天,在昆明西南联合大学主办的文史学讲演会,我曾经用"语言与文化"这个题目公开讲演过一次,并且由马汉麟同学把讲演纲要记录下来:这本书的间架从那时候就建立起来了。

　　1945 年旅居北美西岸的客来而忙[克莱蒙特](Claremont),每周末忙里偷闲地补充了一些材料,可是一直被别的事情打岔,始终没机会写定。1948 年过完北京大学 50 周年校庆后,围城中无事可做,除了对于沙滩区同人的安全问题略效微劳以外,集中精力来写这本书。炮声和冷弹并没影响我"外愈喧而内愈静"的心理。记得当年长城战役促成我的《唐五代西北方音》,卢沟桥烽火促成我的《临川音系》;那时的心境虽然跟前年岁暮迥不相同,可是忠于所学的态度前后是一致的。解放以后我的思想意识逐渐地起了转变,对于这本书的看法也放弃了"为学问而学问"的旧观点。

所以经过相当时期的酝酿和学习,直到前七章都快印好了的时候,才把第八章"总结"做成。

全书的内容、旨趣和观点,在"引言"和"总结"两章里已经交代过了,这里无须再多说。材料虽是从各方面搜集来的,但贯串编排却是我自己的初次尝试。不用说,形式和实质上的缺陷当然很多,还希望读者们切实批评,好让它能有进一步的改善。

让我首先谢谢吴玉章、陆志韦、向觉明[向达]、季羡林几位先生!承他们详细地校阅原稿并给了很多有价值的批评或改正。吴、陆两位先生为鼓励著者,还分别给这本书题字,作序。其他对于这本书的完成,直接间接有所帮助的,除了在书里已经声谢的以外,我还得郑重地谢谢王利器、吴晓铃、周定一、俞敏、殷焕先、张清常、陈士林、喻世长、杨志玖、齐声乔诸位先生!他们对于补充材料、审核内容、校对印件各方面,分别尽了相当的力量。全稿的抄写是由许建中、张立仁两个同事协助完成的。

本书的刊行承北京大学出版委员会曾昭抡先生、出版部李续祖先生和诸位工友们帮了很大的忙。它现在所以能够和读者提早见面,完全靠他们的鼓励和合作。我在感谢之馀同时觉悟到个人力量的渺小和集体力量的伟大!

1950年1月31日,北京解放周年纪念日,罗常培序于北京大学文科研究所语音乐律实验室。

目 录

第一章 引 言 …………………………………………… 1
　　　　语言和文化的关系(1)　　本书的范围(2)

第二章 从语词的语源和变迁看过去文化的遗迹 ……… 4
　　　　语义演变反映文化进展的阶段(4)　　外国语词里的例子：pen, wall(4)　window, fee(5)　lade(6)　dollar 和 money(7)　style(8)　needle(9)　北美印第安语里关于"手套"的词语；从"火钻"到"火柴"(10)　中国语词里的例子：从"贝"的字和古代货币制度(10)　"纸"的最初原料；"昏"——石器时代的弓矢蜕形；"安"所反映的女性地位；"斩"和车裂惨刑；"家"的原始形式(11)

第三章 从造词心理看民族的文化程度 ………………… 16
　　　　造词的心理过程和民族的文化程度(16)　　中国西南少数民族语言里的例子：妻和"穿针婆"；结婚和"买女人"；麻布、衣服和被子的"三位一体"；撒尼语的带子、帽子和戒指(16)　　酗酒的倮倮部族；抽象词的构成心理；初民社会对于自然现象的揣测(17)　　初民社会里的方位观念；对于新奇事物的反映和描写(18)　　北美怒特迦语的例子：tutcha 所反映的买卖婚姻(19)　　女子成年时的聚族分礼宴；现代英语里的畜牧语词(20)　　中国古代畜牧语词的死亡(21)　　"真人"和"真主"(22)

第四章　从借字看文化的接触 …………………… 24

什么叫"借字"(24)　　中国语借字所显示的中外文化交流:"狮子"和伊兰语 *sēr 或 *šary (24) "师比"和匈奴语 *serbi (26) "璧流离"和梵文俗语 veḷūriya (29) "葡萄"和大夏语的 Bactria (30) "苜蓿"和大宛语 *buksuk (31) "槟榔"和马来语 pinang; "柘枝"和波斯语 chaj (32) "站"和蒙古语 jam; "八哥", "没药", "胡卢巴"(33) "祖母绿"和阿拉伯语 babghā, murr, ḥulbah, zumunrud (34)　　近代中国语借字的四种方式:(甲)声音的替代:纯译音的(34)　音兼义的,音加义的,译音误作译义的(35)　(乙)新谐声字:珊,袈裟,莳萝,茉莉,铝,钙(36)　(丙)借译词:我执,法性,有情,因缘,大方便,法平等,自我实现,超人(36)　(丁)描写词:胡葱,胡椒,胡麻,胡瓜,胡萝卜;安息香,波斯枣,荷兰水,荷兰薯,荷兰豆;西米,西红柿,番茄;番视,洋火,洋取灯儿,洋烟卷儿;火水,火柴(36)　　中国语里借词多于贷词的四个原因(38)　　外国语里的中国贷词研究(39)　　贷词还原的误会:大石,桑昆,兀真,领昆,福晋,台风(39)　　研究贷词的困难:语音上的妥协(40)　古今音的差异(43)　方言的分歧(44)　　英语里的中国贷词:丝、瓷和茶(45)　关于植物的语词(51)　关于商业和海上生活的语词(52)　关于历史官制和风俗习惯的语词(53)　"丢脸""叩头"和"请"(54)　　借字在语言研究中的重要性(57)

第五章　从地名看民族迁徙的踪迹 …………………… 65

地名研究对于历史家和考古家的功用(65)　　克

勒特语的地名带（65） 斯堪狄那维亚人在英国的殖民痕迹（66） 北美的印第安语地名（66） 中国地名所显示的古代民族交通的踪迹：骊靬县、龟兹县和温宿国（67） 侨置郡县和民族迁徙（68） 壮语地名所显示的古今民族分布的差异（74） 滇缅边境上几个地名的语源（79）

第六章 从姓氏和别号看民族来源和宗教信仰 88

从姓氏所反映的民族来源：尉迟氏，白氏，康姓，米姓，曹姓，安姓，容氏，慕氏（88） 从姓氏和别号所反映的宗教信仰：纯回姓和准回姓（89） 回族萨、丁、马、哈、纳、赛诸姓的渊源（90） 萨保和祆教（91） 菩萨、马合剌昔和佛教（92） 元代阔里吉思、马祖常、赵世延的基督教渊源（92） 近代名字中的基督教色彩（94） "父子连名制"是藏缅族的文化特征：父子连名制的四种方式（95） 南诏非泰族的论据（96） 民家和藏缅族的关系（97）

第七章 从亲属称谓看婚姻制度 107

亲属称谓在初民社会里的重要性（107） 黑夷亲属称谓所反映的交错从表婚制（107） 附黑夷亲属称谓表（108） 交错从表婚制的分布区域（110） 山头、茶山、浪速和凉山猓猡的交错从表婚（110） 亲属称谓所反映的其他婚姻制度：马匪特哥族的同姓非从表婚；特罗不连得群岛人对于族外婚的限制；夫兄弟婚制和妻姊妹婚制（112） 非洲通加和密瓦克的婚姻制度（113） 从亲属称谓推断婚姻制度所应有的矜慎态度（114）

第八章　总　结 …………………………………… 121
　　　语言跟着社会的进程而演变（121）　语言学的有机联系（122）　语言学的古生物学分析方法（123）　文化变迁对于语音和语形的影响（125）　中国语言学的新方向：对于语义研究不应墨守传统的训诂学方法；对于现代方言研究应着重搜集词汇和创造语法（129）　研究国内少数民族语言的重要性（131）

附录一　论藏缅族的父子连名制 ………………… 139
附录二　茶山歌 …………………………………… 181
附录三　从客家迁徙的踪迹论客赣方言的关系 … 192
附录四　语言学在云南 …………………………… 209

著者其他著作 ……………………………………… 228
恬庵语文论著甲集目录 …………………………… 229
著者未结集之论文目录 …………………………… 230

注释索引 …………………………………………… 234

第一章　引　言

美国已故的语言学教授萨皮尔(Edward Sapir)[1]说:"语言的背后是有东西的。而且语言不能离开文化而存在。所谓文化就是社会遗传下来的习惯和信仰的总和,由它可以决定我们的生活组织。"①柏默(L. R. Palmer)也说:"语言的历史和文化的历史是相辅而行的,它们可以互相协助和启发。"②另外有一位人类学者戴乐尔(E. B. Tylor)[2]也说:"文化是'一个复杂的总和',包括知识、信仰、艺术、道德、法律、习俗和一个人以社会一员的资格所获得的其他一切能为习惯。"③由这些话看来,我们可以知道语言和文化关系的密切,并且可以知道它们所涉及的范围是很广博的。

本编的企图想从语词的涵义讨论语言和文化的关系。其中涉及语义学(semantics)一方面较多,很少牵涉到语音学和语法学两方面。我的计划打算分六段去说:第一,从词语

---

① Edward Sapir, *Language*, p. 221.[《语言论》,陆卓元译,商务印书馆,1964]

② L. R. Palmer, *An Introduction to Modern Linguistics*, p. 151(以下简称 *Modern Linguistics*).

③ E. B. Tylor, On a Method of Investigating the Development of Institution, *J. A. I.* XVIII,1889, pp. 245-272.

的语源和演变推溯过去文化的遗迹;第二,从造词心理看民族的文化程度;第三,从借字看文化的接触;第四,从地名看民族迁徙的踪迹;第五,从姓氏和别号看民族来源和宗教信仰;第六,从亲属称谓看婚姻制度。这些都是社会学和人类学上很要紧的问题。假如我这一次尝试能够有些许贡献,那就可以给语言学和人类学的研究搭起一个桥梁来。这在国外本来不足希奇的,萨皮尔以语言学家晚年转向人类学①,马邻诺斯基(Bronislaw Malinowski)[3]以人类学家晚年转向语言学②,便是很好的例子。以作者的学识而论,本来不敢攀附这两位有名的学者。况且这条路子在中国又是新创的方向,临时搜集材料一定免不了疏陋的地方。本编发表后,作者恳切希望语言学和人类学两方面的通人加以严格的指正,或者可以使他的研究结果将来有圆满的一天。

注释

[1] 萨皮尔(1884—1939),现译为萨丕尔,美国语言学家、人类学家,曾任美国语言学会会长、美国人类学会会长,对北美印第安人的语言与文化研究颇深,注重语言与文化、语言与思维的关系。《语言论》是他的代表作。

[2] 戴乐尔(1832—1917),现译为泰勒,英国人类学家,长期研究史

---

① 例如,E. Sapir, *Time Perspective in Aboriginal American Culture*, *A Study in Method*, Memoir 90, No. 13, Anthropological Series, Canada Department of Mines, Ottawa, 1916(以下简称 *Time Perspective*)。

② 例如,B. Malinowski, *Coral Gardens and their Magic*, London, 1935;和他的 *Supplement to C. K. Ogden* and I. A. Richards' *the Meaning of Meaning*。

前时代人类文化。曾任牛津大学人类学教授。著作有《原始文化》《人类学》等。

[3] 马邻诺斯基(1884—1942),现译为马林诺夫斯基,原籍波兰,英国社会人类学家,曾任伦敦大学人类学教授。功能学派创始人,提倡社会人类学知识应该具有应用价值。著有《西太平洋的淘金者》《野蛮社会中的犯罪和习俗》等。

第二章　从语词的语源和变迁
　　　　看过去文化的遗迹

　　在各国语言里有许多语词现在通行的涵义和他们最初的语源迥不相同。如果不明了他们的过去文化背景，我们简直推究不出彼此有什么关系来。可是，你若知道他们的历史，那就不单可以发现很有趣的语义演变，而且对于文化进展的阶段也可以反映出一个很清晰的片影来。例如，英语的 pen 是从拉丁语的 penna 来的，原义是羽毛（feather），最初只严格应用在原始的鹅毛笔（quill pen）。后来笔的质料虽然改变，可是这个字始终保存着，于是在古代本来含有羽毛意义的字现在却用它来代表一种有金属笔尖的文具。反过来说，如果分析这个现代语词和羽毛的关系也可以教我们知道一些古代笔的制度。[1] 又如英语的 wall 和其他印欧系语言含有"墙"的意义的语词，他们的基本意义往往和"柳条编的东西"（wicker-work）或"枝条"（wattle）有关系。德语 Wand 从动词 winden 变来，它的原义是"缠绕"或"编织"（to wind, to interweave）。盎格鲁-撒[克]逊语（Anglo-Saxon）的"windan manigne smicerne wah"等于英语的"to weave many a fine wall"，用现在通行的意义来翻译就是"编许多很好的墙"。墙怎么能编呢？据考古学家发掘史前遗址的结果，也发现许多烧过的土块上面现出清晰的柳条编织物的痕迹。这就是一种所谓"编砌式"(wattle and daub)的建筑。它或者用柳条编的东西作底子,上面再涂上泥,或者把泥舂在两片柳条编的东西的中间。由此可以使我们推想欧洲古代的墙也和中国现在乡村的篱笆、四川的竹篾墙或古代的版筑[2]一样,并不是铁筋洋灰的。[3]又如英语的 window 直译是"风眼"(wind-eye)。在许多语言里用来指"窗"的复合词,"眼"字常常占一部分。像峨特语(Gothic)[4] auga-dauro 直译是"眼门"(eye-door)。盎格鲁-撒[克]逊语的 eglyrel 直译是"眼孔"(eye-hole),在梵文(Sanskrit)里我们找到 gavāksa 的意思是"牛眼"(ox-eye),还有俄语的 okno,它的语根和拉丁语的 oculus 有关系(直译是"小眼"a little eye)。要想解释这些关于"窗"的语词,我们还得回想到古代的建筑制度。我们在上文已经说过最古的房子或者用柳条编的东西造成,或者用木头造成。在这两样建筑制度之下是不容许有一个四方形大窗的。现在昆明近郊的倮倮[5]叫窗做[ʂu˧ gu˩ na˩],也是窗眼的意思。[6]又如英语的 fee 是古英语 feoh 的变化例,它的意义是"牲口,家畜,产业,钱"(livestock, cattle, property, money)。在日耳曼系语言的同源词(cognates)里,只有峨特语的 faihu[ˈfehu] 含有"产业"的意义;所有其他的语言,像德语的 Vieh[fi:] 或瑞典语的 fä[fe:],只有类乎"家畜(若干头)""牲口(若干头)"的意义。在别的印欧系语言的同源词也和上面所说的情形一样,像梵文的[ˈpaçu]或拉丁语 pecu。可是拉丁语还有演化词 pecūnia"钱"(money)和 pecūlium"储蓄"(savings)或"产业"(property)。这些例子可以使我们确信古时候拿牲口当做一种交易的媒介物。照这同样的方法,就是像德语 Lade, Laden, Laden, einladen 那一堆意义复杂的词,我们根据历史也可以把它们中间的关系弄清楚。laden 的意义是"装载"(to load),由它和盎格鲁-撒克逊语 hladan 和斯拉夫语(Slavic)klada"放,安置"(to lay, to put)的语音近似,我们很足以解释它。名词 Lade 的意义是抽屉(drawer),好像也和古北欧(Old Norse)语 hlaða"仓房"(英语 lath)很相近,这两个语词都含有动词的基本意义,所指的都是一个贮藏所。可是 Laden 的意义是"铺子"和"护窗板"(shop and window-shutter——Fensterladen),如果不研究这个语词所指的东西的历史,那就不能解释了。Lade 本来有"板条"的意义(参照英语 lath),在玻璃还没输入以前通常是用木条做护窗板的。并且沿街叫卖的小贩用两个木架支起一块木板在市场里把货物陈列在它上头,他们也叫它做 Lade,这就是最原始的铺子,这个语词的现代意义就是从这些起源发展出来的。我们再研究一下文化的历史,也就可以把 einladen(to invite)"邀请"和 Vorladung(a summons)"传票"两个语词的意义弄清楚了。梅邻阁(Meringer)为打算解释这个语词曾经注意到一种流播很广的风俗,就是法庭递送一个木板去传人到案。在波希米亚(Bohemia)[7] 的有些部分像这样的"Gebotbrett"还仍旧沿家递送。它是一块带柄的木板,布告就粘在或钉在它上头。所以 Laden 是从名词 lap(to board a person)演变出来的一个动词,它的用法恰好像英美的"blackball"①和希腊的"to ostracize"②一样。从 einladen, Vorladung 的用法指着送递木板传人出席法庭,于是现代普通当做"邀请"的意义才演变出来了。

此外,还有大家天天离不开的两个字,恐怕也很少有人知道他们的语源,那就是 dollar 和 money。Dollar 最后是从德语 Taler 借来的,它是 Joachimstaler 的缩写,原来是从 Joachimstal("Joachim's Dale")演变出来的。Joachim's Dale 在波希米亚(Bohemia),当 16 世纪的时候曾经在这个山谷铸造过银币,因此现在就拿 dollar 当做银币的名称。至于 money 的语源又是怎么来的呢?当初罗马的造币厂设在 Jūnō Monēta 的庙里,monēta 的本义只是"警戒者"(warner),和钱币渺不相关。因为在 Jūnō Monēta 有造币厂,所以罗马人就用 Monēta 这个字代表"造币厂"(mint)和"钱币"(coin, money)两个意思。英语的 mint 是原始英语直接从这个拉丁语词借来的;英语的 money 是中古时间接从古法语借过来的。③

---

① 英美风俗在投否决票时用一种黑球,本来是名词,但逐渐演变成动词,例如,"to blackball a candidate"。

② 古希腊雅典的风俗,凡人民所憎恶的人,不问他有罪无罪,如由公众投票可决,即流之国外十年或五年。因投票记名于牡蛎壳上,故名 ostracism,从这个字转成动词即含有"放逐"或"摈斥"的意思,例如,"He is ostracized by polite circle."

③ 以上所引印欧语各例参看 L. R. Palmer, *Modern Linguistics*, pp. 152 - 156; Leonard Bloomfield, *Language*, pp. 428 - 429. [《语言论》,袁家骅、甘世福、赵世开译,钱晋华校,商务印书馆,1980]

Style 这个字在现代英语里意思很多,最流行的就有好几种:(1) 文体或用语言表现思想的体裁("mode of expressing thought in language");(2) 表现、构造或完成任何艺术、工作或制造物的特殊方法,尤其指任何美术品而言("distinctive or characteristic mode of presentation, construction, or execution in any art, employment, or product, especially in any of the fine arts");(3) 合乎标准的风格或态度,尤其指着对于社交上的关系和举止等而言("mode or manner in accord with a standard, especially in social relations, demeanor, etc.");(4) 流行的风尚("fashionable elegance")。可是咱们若一推究它的语源那可差得远了。这个字原本从拉丁语的 stilus 来的。当罗马时代,人们是在蜡板上写字的。他们并不用铅笔和钢笔,而用一种铁、硬木或骨头制成的工具。这种东西一头儿是尖的,用来写字;一头儿是扁平的,用来擦抹——换言之,就是把蜡板磨平了,好让它可以反复地用。这种工具叫做 stilus 或 stylus。它本来指着写字的工具而言,意义渐渐的引申,就变成用这种工具所写的东西、任何写出来的文章、作文的风格和体裁、作文或说话的特殊风格等等。stylus 这个字进到法文后变成"style",读作[sti:l],意义还保持着上面所说的种种。当它进到英文时读音就变成[stail]了。至于"高尚的举止或态度"或"流行的风尚"两个意义,那是最后在英语和法语里引申出来的。虽然这样,style 的本义在《韦氏字典》却仍然保存着,它的第一条解释就是"古人用以在蜡板上写字的尖笔"("an instrument used by the ancients in writing on wax tablets")。同时,

stylus 也由拉丁语直接借进英文，仍然保持它的本义。在现代英语里，因为 stylus 流行，style 的第一个意义就慢慢儿地消灭了。

Needle 这个字也可以推溯到很古的来源。但是它最初并不指着那种精巧作成的钢制品，像我们现在心目中所认识的"针"。它最初只应用到一种骨做的原型，慢慢儿地才应用到一种钢做的。现在凡是一种尖形的东西，像尖形结晶体、岩石的尖峰、方尖碑等等，也都可以叫做 needle。这正可以反映当初它只是指着一种尖锐的工具说罢了。由"针"的观念我们又联想到 spinster 这个字。照现在通行的意义说，这个字只指着没出嫁的老处女。但是由 spinster 的结构来分析，在某一个时候它显然的有"纺织者"(one who spins)的意义。后来经过和一些个人的特殊关系联系，渐渐地才取得现在通行的特殊意义。从原来的本义转变成现在的意义，而把本义整个遗失，这其间一定经过一段很长的时候。从这纯粹文化的事实咱们可以有理由的推测纺织的技术从古时候就有了，而且它是在女人们手里的。这种事实固然可以直接拿历史来证明，但是咱们也可以根据纯粹语言的标准来判断。Spinster 这个字的年代还可以由那比较少见的主动词词尾(agentive suffix)-ster 来确定。因为和它有同样结构的只有 huckster"小贩"、songster"善歌者"少数的几个字，和固定不变的专名 Baxster(就是 baker"烘面包的")、Webster(就是 weaver"纺织者")。所以 -ster 的年代一定比 -er、-ist 之类古得多。①

---

① E. Sapir, *Time Perspective*, pp. 59 – 60.

在北美印第安语里咱们也可以找出几个有关文化遗迹的例子来。麦肯齐（Mackenzie）山谷[8]的阿他巴斯干族（Athapaskan）[9]对于和"手套"相当的语词，Chipewyan[10]叫la-djis，Hare[11]叫lla-dji，Loucheux叫nle-djic，它实际上仅仅是"手袋"（hand-bag）的意思。可是，在那洼和（Navaho）[12]语言里分明拿la-djic代表只分拇指的手套（mitten）。并且这种只分拇指的手套在阿他巴斯干族的物质文化里又是一种很古的成分，那么，咱们就此可以推断，在这个民族，所谓"手套"，只是指着只分拇指的mitten说，绝对不会是现在通行的分指手套glove。①

阿他巴斯干语里还有一个非描写的名词语干 t'łeł，这个字在查斯他扣斯他（Chasta Costa）[13]和那洼和语里都恰好有matches"火柴"的同样意义。从别的方面考虑，这绝不会是这个字的原始意义。并且拿它和别的阿他巴斯干方言（例如Chipewyan）比较，t'łeł 本来的意思是 fire-drill"火钻"，等到近代拿火柴代替了古代"钻燧取火"的方法，它才从 fire-drill 的本义转变到 matches 的今义。② 从这个小小的例子咱们就可以对于阿他巴斯干族社会经济的变迁得到不少的启发。

谈到中国古代语言和文化的关系，我们便不能撇开文字。例如，现在和钱币有关的字，像财、货、贡、赈、赠、贷、赊、买（買）、卖（賣）、贿、赂之类都属贝部。贝不过是一种介壳，何以用它来表示钱币的含义呢？许慎的《说文解字》解答这

---

① E. Sapir, *Time Perspective*, p. 58.
② Ibid., p. 59.

个问题说:"古者货贝而宝龟,周而有泉,至秦废贝行钱。"可见中国古代曾经用贝壳当做交易的媒介物。秦以后废贝行钱,但是这种古代的货币制度在文字的形体上还保存着它的蜕形。云南到明代还使用一种"海𧵅",也就是贝币的残余。又如现在中国纸是用竹质和木皮造的。但当初造字时纸字何以从糸呢?《说文》也只说"絮一笘也",并没提到现代通行的意义。照段玉裁的解释,"笘"下曰"潎絮箦也","潎"下曰"于水中击絮也"。《后汉书》说:"(蔡)伦造意,用树肤、麻头及敝布、鱼网以为纸,元兴元年奏上之,(帝善其能,)自是莫不从用焉,天下咸称'蔡侯纸'。"按造纸昉于漂絮,其初丝絮为之,以笘荐而成之。今用竹质木皮为纸,亦有致密竹帘荐之,是也。《通俗文》[14]曰"方絮曰纸"。《释名》[15]曰:"纸,砥也,平滑如砥也。"由此可知在蔡伦没有发明造纸的新方法和新质料以前,中国曾经用丝絮造过纸的。此外,像"砮"字,《说文》解释作"石可以为矢镞",可以推见石器时代的弓矢制度;"安"字,《说文》训"静也,从女在宀下",会意,就是说,把女孩子关在家里便可以安静,由此可以想见中国古代对女性的观念。还有车裂的刑法本来是古代一种残酷的制度,从现代人道主义的立场来看,这实在是一种"蛮性的遗留"。可是就"斩"字的结构来讲,我们却不能替中国古代讳言了。《说文》:"斩从车斤,斩法车裂也。"段玉裁注:"此说从车之意。盖古用车裂,后人乃法车裂之意而用铁钺,故字亦从车,斤者铁钺之类也。"可见这种惨刑在中国古代绝不止商鞅一人身受其苦的。以上这几个例,我都墨守《说文》来讲,但还有些字照《说文》是讲不通的。例如"家"字,《说文》:"尻也,从宀,豭省声。"许慎一定要把它设法解释作形声字,那未免太迂曲了。段玉裁以为家字的本义是"豕之尻也",引申假借以为人之尻,犹如"牢"字起初当牛之尻讲,后来引申为所以拘罪的陛牢。他的说法自然比许氏高明多了,不过照我推想中国初民时代的"家"大概是上层住人,下层养猪。现在云南乡间的房子还有残余这种样式的。[16]若照"礼失而求诸野"的古训来说,这又是语言学和社会学可以交互启发的一个明证。[17]

注释

[1] 笔,还可以举汉字"笔"的例子。笔,繁体字作"筆",从"竹"从"聿",小篆作"𦘒"。《说文解字》解释说:"聿,所以书(書)也。"就是说,聿是用来写字的工具。现代学者罗振玉说"象手持笔形"。小篆的写法就像笔的样子。秦汉时期,笔杆大多是用竹子做的,所以加了竹字头。跟西方相比,汉字"筆"的字形与笔的形制之间的关系要简单一些。

[2] 版筑,筑土墙的一种方式。两木板相夹,中间留下与拟筑土墙厚度相同的空,以木棍或者砖石支撑,用草绳等绑紧木板,中间填黏度适宜的胶泥土,填前洒水,保持所需的湿度,夯实;上面再加置两木板,填土。到第三层,砍断第一层木板外的草绳,置于第二层上方,填土,夯实。直至所需要的高度。《诗经·大雅·緜》"缩版以载,作庙翼翼",朱熹《集注》:"言以索束版,投土筑圪,则升下而上以相承载也。"《左传·僖公三十年》"朝济而夕设版焉",是说晋国在黄河西岸筑土墙,以阻秦国军队入侵。20世纪40年代我先在家乡,后在机关驻地,数次看到农家如此造土墙。

[3] 关于"编砌式"建筑,可以用清朝初年的柳条边作为佐证。顺治至康熙年间,从辽宁东南部的凤城,向东北,再向西北至开原,

最后折向山海关,即大致沿现在的辽宁省东、北、西界,分段修筑了柳条篱笆,称为老边;又从开原向北至吉林市修了一条柳条篱笆,叫新边。老边柳条边以东是围场,由盛京兵部管辖,以西是蒙古牧场,由奉天将军管辖,新边由吉林将军管辖。设有边门。修筑柳条边,比修砖墙省工省事。内部划分势力范围,起到分割作用即可,不是防敌,不必那么牢固。另外,北方不少地方,为赶早培育瓜菜秧苗,也常用编制篱笆挡西北风。有的是用秫秸杆,有条件的则编制柳条,可以使用多年。编制柳条的,糊泥,以提高挡风效果。

[4] 峨特语,即哥特语。哥特人是欧洲的古老民族,属日耳曼人东支。进入罗马尼亚后逐渐为罗曼语族同化,丧失了自己的语言。

[5] 倮倮,彝族的旧称。历史上也称罗罗、罗落、卢录、落落等。"罗罗"见于(元)李京《云南志略》:"罗罗,即乌蛮也。"有黑罗罗和白罗罗即黑彝、白彝之分。元代曾在今四川凉山地区建立罗罗斯宣慰司。

[6] 窗,《诗经·豳风·七月》"塞向墐户",传统解释,"向"是朝北的窗户。"向"的古文字字形,外框即"宀(mián)",为房屋形,里边的"口"是所开的窗户。这是"向"的初始义,即本义。因为开在高处(开在低处,不叫窗,为中外共识),以人体的眼睛比称,也叫"窗眼"或者"窗眼儿"。明代清溪道人《禅真逸史》第十七回:"只见一只紫燕,从窗眼中扑将入来。"《西游记》三十六回:"那和尚在窗眼儿里看见,就吓得骨软筋麻,慌忙往床下拱。"也叫"窗户眼"或者"窗户眼儿"。《金瓶梅词话》七十六回:"贼天杀的狗材,你打窗户眼内偷瞧你娘们好。"《红楼梦》三十九回:"我爬着窗户眼儿一瞧,却不是我们村庄上的人。"

[7] 波希米亚,历史地名。日耳曼语指捷克。广义指捷克全部,狭

义指除摩拉维亚以外的捷克。

［8］ 麦肯齐山，今译为马更些山，位于加拿大西北部。马更些河为北美第二大河。

［9］ 阿他巴斯干族，自称"提纳人"，北美印第安人的一支，分布在美国阿拉斯加州、加拿大西部至美国本土西部地区。阿他巴斯干语属纳德内语系。

［10］ Chipewyan人，奇佩维安人，阿他巴斯干人的一支，居住于加拿大西部大奴湖一带。

［11］ Hare人，哈雷人，阿他巴斯干人的一支，分布于加拿大西部。

［12］ 那洼和人，一译纳瓦霍人，自称"迪内人"，阿他巴斯干人的一支，分布于美国亚利桑那州、新墨西哥州和犹他州。

［13］ 查斯他扣斯他人，阿他巴斯干人的一支，19世纪时仅存153人，安置在美国俄勒冈州希莱兹保留地。

［14］ 《通俗文》，东汉末服虔撰，收列方言俗词语。原书已佚，今有辑本。

［15］ 《释名》，东汉末刘熙撰，二十七篇，共八卷。专用音训，以音同、音近的字解释，推究事物命名由来。

［16］ 杨树达1935年4月写过一篇小文章，题为《释圂》。文章说："《说文》六篇下囗部云：'圂，厕也，从囗，象豕在囗中也，会意。'按，豕在囗中得为厕者，《晋语》云：'少溲于豕牢而得文王。'知古人豕牢本兼厕清之用，故韦昭云'豕牢，厕也'是也。今长沙农家厕清即在豕圈，犹古代之遗制矣。"（《积微居小学金石论丛》增订本，中华书局，1983）我于1948年在河北省平山县住了一年，当地是平地起造厕所，便坑下连一个大坑，坑内养猪，1999年回该地参观，问及厕所养猪情况，回答说："现在还是那样。"可与杨、罗二位所论相印证。

［17］ 语言学和社会学关系至为密切。社会生活的方方面面，都会在

语言里有所反映。比如人停止呼吸,失去生命,就是死,可是不同的人死有不同的叫法。《礼记·曲礼》说了上古的情况:"天子死曰崩('山陵崩'的简说),诸侯曰薨,大夫曰卒,士曰不禄,庶人曰死。"官民等级关系发生了变化,有了新的规定。《新唐书·百官志》:"凡丧,三品以上称薨,五品以上称卒,自六品达于庶人称死。"就是现代,也有讲究,"逝世"只能用于比较高的级别,普通人死了不能用"逝世"。这里再举一个关涉用字的例子。"原来"这种写法,在明朝以前的文献里很难找到,因为以前都写"元来";从明朝开始,"原来"基本上代替了"元来"。明清时期都有人解释:元朝是被明朝灭亡的政权,所以避"元"字。李诩(1505—1593)《戒庵老人漫笔》卷一说:"余家先世分关中,写'吴(按,1367 年朱元璋初建政权时的国号)原年''洪武原年',俱不用'元'字。想国初恶胜国之号而避之,故民间相习如此。"王应奎(1683—1759/60)《柳南随笔》卷三也有类似的说法:"明太祖既登极,避胜朝国号,遂以元年为原年。"看来王氏是袭用李氏的说法,他后面也有"民间相传如此"云。沈德符(1578—1642)《万历野获编补编》也有类似记载。这种解释有一定道理,流传也比较广。但谈迁(1594—1657)不同意这种说法,他在《枣林杂俎》里说,"此避御讳",就是避朱元璋的名讳。他还举"六科原士"等用例。谈迁的解释也许更符合实际,因为他的解释与历代避皇帝名讳的惯例一致。

第三章 从造词心理看民族的文化程度

从许多语言的习用词或俚语里,我们往往可以窥探造词的心理过程和那个民族的文化程度。现在姑且舍去几个文化较高的族语暂时不谈,单从中国西南边境的一些少数部族的语言里找几个例子。例如,云南昆明近郊的猓猓叫妻做"穿针婆"[ɤ˧ sɔ˩ mo˩](直译是"针穿母")。① 云南高黎贡山的俅子[1]叫结婚做"买女人"[p'o˧ ma˧ uan˧](直译是"女人买")。② 从这两个语词我们可以看出夷族[2]社会对于妻的看法和买卖婚姻的遗迹。又如俅子把麻布、衣服和被都叫做[dʑio˧],因为在他们的社会里,这三样东西是"三位一体"的。它的质料是麻布,白天披在身上就是衣服,晚上盖在身上就是被。在他们的物质生活上既然分不出三种各别的东西来,所以在语言里根本没有造三个词的必要。还有云南路南[3]的撒尼[4]把带子叫做"系腰"[dʑu˧ n˧](直译是"腰系"),帽子叫做"蒙头"[o˧ q'u˧](直译是"头蒙"),戒指叫做"约指"[le˧ tʂɿ˧ pz˧](直译是"手指关闭"),也是根据这三种

---

① 本章关于昆明近郊猓猓语各例,引自高华年《昆明近郊的一种黑夷[5]语研究》,北京大学文科研究所硕士论文,1943年。下文并同。

② 本章关于俅子语各例,引自著者的《贡山俅语初探》,北京大学文科研究所油印论文之三,1943年。下文同。

东西的功用造成语词的。① 云南福贡的傈僳把下饭的菜叫"诱饭"[dzaˀ tsʻㄣ↓]（直译是"饭诱"），和广州话"餕"字的意思很相近。他们的酒名计有"酒"[dʐㄣ↓pʻɯ↓]、"米酒"[dzaˀ pʻuˀ dʐㄣˀ]、"秫酒"[mǖ┤dʐㄣˀ]、"水酒"[tsʻy↓dʐㄣ↓]、"烧酒"[li↓tɕi┤]五种，足征他们是一个好喝酒的部族。② 当我们调查文化较低的族语时，遇到抽象一点儿的语词，像代表动作或状态一类的词，往往比调查看得见指得着的东西困难许多。可是一旦明白他们的造词心理以后也可以引起不少的趣味。比方说，昆明近郊的傈僳叫发怒做"血滚"[sㄐnʻɑ̌↓]，欺负做"看傻"[ɲi┤ŋɚ┤]，伤心做"心冷"[ɲi↓dzɑ↓]（参照普通话"寒心"），难过做"过穷"[ko↓ʂu↓]。这几个语词的构成，多少都和这些动作或状态的心理情境有牵连。在初民社会里对于自然界的现象，因为超过他们知识所能解答的范围以外，往往也容易发生许多神异的揣测。例如，福贡的傈僳叫虹做"黄马吃水"[ɑ┤moˀ ji↓ʂㄣˀ]，路南的撒尼叫日蚀做"太阳被虎吃"[ɭo┤tsz┼ma┤laˀlɪ┼dzɑ┘]，叫月蚀做"月亮被狗吃"[ɖo┼ba┼ma┼tsʻz̩┘lɪ┼dzɑ┘]。刘熙《释名·释天》："蝃蝀，其见每于日在西而见于东，啜饮东方之水气也。"这也和傈僳的传说近似。现在有些地方也说日蚀是"天狗吃日头"。那也是一点儿初民社会的遗迹。至于昆明近郊的傈僳叫冰做"锁

---

① 本章关于撒尼语各例，引自马学良《路南撒尼倮语语法》，北京大学文科研究所硕士论文，1941年。下文同。

② 本章关于福贡傈僳语各例，引自著者的《福贡傈僳语初探》，1944年稿本。下文同。

霜条"[ɲiɛ˧dʐ'u˥bɑ˩]（直译是"霜条锁"），也和路南撒尼叫雷做"天响"[m˧tsɑ˥]一样，都是因为不明天象才牵强附会地造出这些新词来。在这些族语里对于方位的观念也弄不大清楚，他们往往拿日头的出没做标准。因此对于东方，昆明近郊的倮倮叫做"日出地"[dʑi˩du˩mi˧]，福贡的傈僳叫做"日出洞"[mĩ˧mĩ˧du˥k'u˩]。对于西方，昆明近郊的倮倮叫做"日落地"[dʑi˩dɤ˩mi˧]，福贡的傈僳叫做"日落洞"[mĩ˧mĩ˧gɯ˥k'u˩]。汉字的"东〔東〕"字从"日在木中"会意，"西"字象"鸟栖巢上"之形，英语的 orient 的本义也是"日出"，实际上全是从这共同的出发点来的。不过，武鸣的土语[6]叫东做"里"[ʔdɑɯ˧]，叫西做"外"[ʔøk˥]①，福贡的傈僳叫北做"水头"[ji˧nɛ˥]，叫南做"水尾"[ji˥m ũ˩]：那似乎又从方位和地形的高低上着眼了。这些部族遇到没看见过的新奇事物时候也喜欢拿旧有的东西附会上去。例如，福贡的傈僳叫信做"送礼的字"[t'o˩ɣɯ˩lɛ˧su˩]。昆明近郊的倮倮叫庙做"佛房"[bɯŋ˧xɤ˩]，叫钢做"硬铁"[ɕɛ˩xɔ˩]。贡山的俅子叫汽车做"轮子房"[ku˧lu˧tɕiəm˩]。路南的撒尼叫自行车做"铁马"[xɯ˥m˧]。至于最新的交通和军事利器——飞机，他们的看法更不一致了：贡山的俅子叫做"飞房"[biə˧tɕim˩]，福贡的傈僳也叫做"飞房"[dʑy˩xĩ˩]，片马[7]的茶山[8]叫做"风船"[lik˩sɑŋ˧p'ɔ˩]②，路南的撒尼叫做"铁

---

① 本李方桂说。
② 关于茶山话的例，引自著者的《滇缅北界的三种族语研究》，1944年稿本。

鹰"[xɯ˧ tɬe˧]],滇西的摆夷[9]叫做"天上火车"[laㄧt'a˧mi]。① 因为这些东西在他们的知识领域里向来没有过,他们想用"以其所知喻其所未知"的方法来造新词,于是就产出这一些似是而非的描写词(descriptive forms)来了。

在北美印第安的怒特迦(Nootka)语[10]里有 ɬutcḥa°一词,和上文所举俵子的[p'o˧ma˧uan˧]可谓无独有偶。他们的社会应用 ɬutcḥa°一词包含结婚时礼仪的和经济的手续,同我们的结婚仪式相当。实际上说,这个名词只应该适用于新郎和他的赡养者一方面对于新娘家属的产业配给,以为获得她的代价。它的本义不过是"买女人"(buying a woman)。可是怒特迦人现在却用它包括"买女人"纳聘礼以前所有的唱歌、跳舞和演说,大部分对于"购买"没有必要的关系。所以他们有一全套的歌叫做 ɬutcḥa°'yak,意思就是"为买女人作的"。这些歌和结婚的联系仅仅是习俗的罢了。并且,新娘的家属立刻把所得的礼物分配给他们自己的村里人,尤其重要的,他们不久送回一份特备的妆奁和礼物,价值比所收"买女人"的产业相等或更大。由这件事实往往可以把"买女人"式的婚姻只减少到一个形式。不过,ɬutcḥa°这个名词的文化价值明明在它的含义是纯粹经济的买妻式婚姻。因为在现在的婚姻制度背后它附属的礼仪手续增加,经济的意义就变弱了。②

---

① 这个例是张印堂转告的。又向觉明说:"内地会教士用苗语译《圣经》,对于'海'字即感觉到困难。"也是一个可作补充的例子。

② E. Sapir, *Time perspective*, pp. 61–62.

怒特迦语另外还有些有趣的词尾可以指示婚礼的手续：例如-'oº'ił,意思是"在一个女子成年举行聚族分礼宴时要找点儿东西做礼物"("to ask for something as a gift in a girl's puberty potlatch");-t'oºła 意思是"为某人设一个聚族分礼的饮宴"("to give a potlatch for someone");-'inł 意思是"在聚族分礼时设一个某种食物的筵席"("to give a feast of some kind of food—in a potlatch")。所谓"potlatch"是太平洋沿岸某些印第安人的一种风俗。举行这种仪式时一个人分配礼物给他同族的人或邻族的人，同时伴着饮宴。上面这些词尾明白指出在怒特迦社会里，"potlatch"仪式至少和有些文化概念从很久就发生关系了。①

上文曾说傈僳语的酒名有五种之多，足证他们是一个好喝酒的部族。和这个相近的例子，我们在英语里找到关于养牛的词汇非常多。[11]例如：cow"母牛", ox"公牛", bull"公牛", steer"阉牛", heifer"牝犊", calf"小牛", cattle"牲口", beef"牛肉", veal"小牛肉", butter"黄油", cheese"干酪", whey"乳浆", curd"凝乳", cream"酪", to churn"搅牛奶", to skim"撇去牛奶的浮油"等等，他们应用的范围很广，彼此间也分得很清楚。相反的，在美国西部种橘的实业虽然也很发达，可是关于这种实业特有的词汇却比较贫乏，而且分得不大清楚。从这种语言上的证据，咱们就可以知道养牛和种橘两种实业在美国文化上的发达谁先谁后了。② 中国古代文字

---

① E. Sapir, *Time perspective*, p. 66.
② Ibid., p. 62.

关于牛羊的词汇也特别丰富。《说文》牛部里关于牛的年龄的,有"牭"(二岁牛),"犙"(三岁牛),"牥"(四岁牛),"犊"(牛子);关于牛的性别的,有"牡"(畜父),"牝"(畜母);关于牛的形状颜色和病症的,有"㸬"(特牛),"特"(朴特牛父),"犏"(骍牛),"㹍"(㹍牛),"犖"(驳牛),"牲"(牛驳如星),"牷"(牛完全),"犧"(宗庙之牲),"犁"(白黑杂毛牛),"㸹"(牛白脊),"㸺"(牛黄白色),"㹃"(黄牛黑唇),"㹀"(白牛),"犤"(牛长脊),"牷"(牛纯色),"犝"(畜犝),"牼"(牛膝下骨),"㸼"(牛舌病);关于牛的动作和品性的,有"㹒"(牛徐行),"犨"(牛息声),"牟"(牛鸣),"牵"(引前),"犕"(犕牛乘马),"犂"(耕),"辈"(两壁耕),"牴"(触),"犟"(牛蹉犟),"㹦"(牛柔谨),"㹂"(牛很不从引),"犢"(牛羊无子);关于养牛的,有"犓"(以刍茎养牛),"牿"(牛马牢),"牢"(闲养牛马圈)。羊部里关于羊的年龄的,有"羔"(羊子),"羍"(小羊),"羜"(五月生羔),"䍮"(六月生羔),"羝"(羊未卒岁);关于羊的性别的,有"羝"(牡羊),"羒"(牂羊),"牂"(牡羊),"㹕"(夏羊牡曰㹕),"羭"(夏羊牡曰羭);关于羊的形状和颜色的,有"羠"(骍羊),"𦍋"(黄腹羊);关于羊的动作和品性的,有"咩"(羊鸣),"羺"(羊相羵),"𦎱"(羺羵),"䍮"(群羊相羵),"羴"(羊臭)。从羊字孳衍的字,有"羣"(辈也),"美"(甘也),"羑"(进善也),"羌"(西戎[12]牧羊人)。现代中国语言里这些字大多数都死亡了。可是古字书里既然保留这些字的记录,那么,中国古代社会里的畜牧生活是不可掩没的。这些词汇的死亡,是完全由于社会制度和经济制度的变迁造成的。

中国古代的封建社会里对于每个朝代的开国皇帝都认

为"真主""真命天子"或"真龙天子";道教对于修炼有成的道士也叫做"真人"。这种心理在别的初民社会里也可以找到类似的例。北美印第安的侵显(Tsim Shian)人[13]管他们的酋长叫做 səm'ɔ̊gid(单数),或 səm gigad(多数)。若把他们分析起来,səm-有"很"或"真"("very, real")的意义。gad 是单数的"人"("man"),gigad 是多数的"人"("men"):这又是一个中西对照有关造词心理的例子。①

注释

[1] 俅子,典籍中对独龙族的称呼。《元一统志》作"撬",《清职贡图》、雍正《云南通志》等作"俅人"。

[2] 夷族,布依族的旧称,见于民国《镇宁县志》。但"夷"往往泛指少数民族。这里似为后者。

[3] 路南,因有石林等名胜,1998 年改为石林彝族自治县。

[4] 撒尼,分布在云南弥勒、石林、宜良、罗平、潞西等地的彝族的自称。

[5] 黑彝,彝族的他称,彝语"诺合"意思为黑。旧时称为黑彝的,在彝族中多为奴隶主阶级。

[6] 土语,这里指壮语的一种方言。20 世纪 50 年代认为,武鸣(南宁市属县)话是壮语的代表方言。

[7] 片马,村庄名,又历史地区名,在今云南省泸水县高黎贡山西侧紧靠中缅边界处。元代属云龙甸军民府,明代属永昌府茶山土司,清代属保山县登埂土司辖区。1910 年至 1927 年间,英军不断侵入这一地区,设立军政机构。后来英军承认这一地区属中

---

① E. Sapir, *Time perspective*, p. 63.

国,但并不撤军,20世纪三四十年代中国出版的一些地图上,"片马地区"标为未定界。1960年《中缅边界条约》规定,片马及相连的古浪、岗房等地归还中国,次年完成移交手续。现属泸水县古岗乡。

[8] 茶山,汉族指称部分自称喇期的景颇族。又称浪峨、浪速、载瓦、山头等。

[9] 摆夷,清代至民国对傣族的通称。滇西摆夷,指今云南德宏自治州境内的傣族,明代曾在此设麓川平缅军民宣慰使。

[10] 怒特迦语,今称努特卡语,北美西部印第安人努特卡族的语言,无文字。努特卡人曾与夸库特尔人(Kwakhutls)等部落结成名为阿特(Ath)的联盟,抗拒欧洲殖民者入侵。失败后人口锐减,2001年仅存千余人。主要分布在加拿大温哥华西部。

[11] 养牛的词汇、词语因生活、生产形式密切而发达。据《五体清文鉴》,满语有关河流形态的词有130多个,有关冰雪形态的词有60多个,有关鱼类的词有70多个。

[12] 西戎,古代西北戎族的总称。原分布于黄河上游及甘肃省西北部、青海省东南部,后渐东移。后来也称羌族。

[13] 侵显人,居住在美国阿拉斯加州和加拿大不列颠省,侵显语属佩努蒂亚语系。

第四章　从借字看文化的接触

　　语言的本身固然可以映射出历史的文化色彩，但遇到和外来文化接触时，它也可以吸收新的成分和旧有的糅合在一块儿。所谓"借字"就是一国语言里所羼杂的外来语成分。它可以表现两种文化接触后在语言上所发生的影响；反过来说，从语言的糅合也正可以窥察文化的交流。萨皮尔说："语言，像文化一样，很少是自己满足的。由于交际的需要，使说一种语言的人直接或间接和那些邻近的或文化上占优势的语言说者发生接触。这种交际也许是友谊的，也许是敌对的。它可以从事业或贸易平凡关系来输入，也可以包含一些借来的或交换的精神食粮，像艺术、科学、宗教之类。要想指出一种完全孤立的语言或方言，那是很难的，在初民社会里尤其少。但不管邻近民族间接触的程度或性质怎样，普通足够引到某种语言的交互影响。"[①]

　　中国自有历史以来，所接触的民族很多。像印度、伊朗、波斯[1]、马来、暹罗[2]、缅甸、西藏、安南、匈奴、突厥、蒙古、满洲、高丽、日本和近代的欧美各国都和汉族有过关系。每个文化潮流多少都给汉语里留下一些借字，同时汉语也贷出一

---

① E. Sapir, *Language*, p. 205.

些语词给别的语言。对于这些交互借字仔细加以研究,很可以给文化的历史找出些有趣解释。中国和其他民族间的文化关系几乎可以从交互借字的范围广狭估计出个大概来。咱们姑且举几个例:

(一) 狮子 凡是逛过动物园或看过《人猿泰山》[3]一类影片的人们,对于那种野兽应该没什么希罕。可是假如要问:"狮子是不是产在中国? 如果不是,它是什么时候到中国来的?"这就不是一般人所能解答的了。狮也写作"师",《后汉书·班彪传》李贤注:"师,师子也。"又《班超传》:"初,月氏尝助汉击车师有功。是岁(88 A. D.)贡奉珍宝、符拔师子,因求汉公主。超拒还其使,由是怨恨。"又《顺帝纪》:阳嘉二年(133 A. D.)"疏勒国献师子、封牛"。李贤注:"《东观记》曰:'疏勒王盘遣使文时诣阙。'师子似虎,正黄,有髯耏,尾端茸毛大如斗。封牛,其领上肉隆起若封然,因以名之,即今之峰牛。"[4]可是,《洛阳伽蓝记》卷三"永桥"下说:"狮子者,波斯国王所献也。"那么,照文献上讲,狮子的来源有月氏(Indo-Scythians)、疏勒(Kashgar)、波斯(Persian)三个说法。从命名的对音来推求,华特尔(Thomas Watters)认为狮 šī 是由波斯语 sēr 来的。① 劳佛(Berthold Laufer)对于这个说法不十分满意。"因为在纪元 88 年第一个狮子由月氏献到中国的时候,所谓'波斯语'还不存在。大约在第一世纪末这个语词经月氏的媒介输入中国,它最初是从某种东伊朗语(East

---

① Thomas Watters,*Essays on the Chinese Language*(以下简称 *Chinese Language*),Shanghai,1889,p. 350.

Iranian language)来。在那里这个词的语形素来是 šē 或 šī（吐火罗语 Tokharian A. śiśāk)[5]，也和中国师 šī(*š'i)一样没有韵尾辅音。"①沙畹（Edouard Chavannes)②、伯希和（Paul Pelliot)③和高体越（Henri Gauthiot)④等法国汉学家也都注意到这个字的对音。伯希和以为关于波斯语 šēr，伊朗学家采用过一些时候的语源 xšaθrya 必得放弃了。因为高体越已经指出这个字是从粟特语（Sogdian)的 *šrɣw，*šarɣə"狮子"来的。总之关于这个语词虽然有人不承认它是所谓"波斯语"，但对于它是伊朗语属几乎没有异议。高本汉（Bernhard Karlgren)也采取莫根斯廷教授（Prof. G. Morgenstierne)的话，说："狮 si 在那时是伊朗语 šarɣ 的对音。"⑤

（二）师比　是用来称一种金属带钩的。在史传里也写作犀比、犀毗、私纰、胥纰、鲜卑等异文。《楚辞·招魂》："晋制犀比，费白日些。"《大招》："小腰秀颈，若鲜卑只。"阮元《积古斋钟鼎彝器款识》卷十"丙午神钩"下说："首作兽面，盖师

---

① Berthold Laufer, The Si-hia Language,《通报》*Toung Pao*（以下简称 *T. P.*）s. Ⅱ, ⅩⅦ (1916), p. 81; 还有他的 *The Language of the Yüe-chi or Indo-Scythians*, Chicago, 1917, p. 4; *Chinese Pottery of the Han Dynasty*, pp. 236 - 245.

② Edouard Chavannes, Les Pays Occident d'après le Heou Han Chou, *T. P.* s. Ⅱ, Ⅷ (1907), p. 177, note 5,"符拔,狮子"; Trois Généraux Chinois de la Dynastie des Han Orientaux, *T. P.* s. Ⅱ, ⅤⅡ (1906), p. 232.

③ Paul Pelliot, *T. P.* s. Ⅱ, ⅩⅪ (1922), p. 434, note 3,（Review to G. A. S. Williams' *A Manual of Chinese Metaphors*, p. 128).

④ cf Horn, *Mémoir de Societé de Linguistique*, ⅩⅨ (1915), p. 132.

⑤ Bernhard Karlgern, Word Families in Chinese, *Bulletin of the Museum of Far Eastern Antiquities*（以下简称 *B. M. F. E. A*) No. 5 (1934), p. 30, Stockholm.

比形。《史记》汉文帝遗匈奴'黄金胥纰一',《汉书》作'犀毗'。张晏云:'鲜卑,郭落带,瑞兽名(他),东胡好服之。'《战国策》:'赵武灵王赐周绍具带黄金师比。'延笃云:'师比,胡革带钩也。'班固《与窦宪笺》云:'复赐固犀比金头带。'《东观汉记》:'邓遵破匈奴,上赐金刚鲜卑绲带。'然则师比、胥纰、犀纰、鲜卑、犀比,声相近而文相异,其实一也。"阮元所说,对于"师比"一词的来历考证得源源本本。在中国古书里凡是一个同义复词同时有许多异文,那一定是外来的借字而不是地道土产。那么师比的语源究竟是从哪儿来的呢?

关于这个问题的解答也颇不一致:许多考古学家和汉学家都认为"师比"这个词是汉族从中国西方和西北方的游牧民族借来的。① 王国维仅仅泛指作"胡名"。② 伯希和、白鸟库吉以为它是匈奴字*serbi。白鸟氏还拿它和现代满洲语的 sabi"祥瑞,吉兆"(happy omen)牵合。③ 卜弼德(Peter Boodberg)虽然没说明他对于这个字的来源有什么意见,他却拿*serbi 和蒙古语 serbe 来比较。④ 照郭伐赖无斯基(Kovalevskij)的《蒙俄法词典》serbe 的意思是"小钩,V 形凹

---

① 在江上波夫(Egami Namio)和水野广德(Mizuno Kotoku)的 *Inner Mongolia and the Region of the Great Wall* pp. 103 – 110(Tokyo and Kyoto, 1935)列有目录。

② 《观堂集林》贰贰"胡服考",页 2。

③ P. Pelliot, L Édition Collective des oeuvres de Wang Kuowei, *T. P.* XXVI (1929), p. 141; Shiratori Kurokichi, *Memoirs of the Research Dept. of the Tokyo Bunko*(东洋文库)No. 4,5(Tokyo, 1929). p. 5.

④ Peter Boodberg, Two Notes on the History of the Chinese Frontier, Harvard Journal of Asiatic Studies(以下简称 H. J. A. S.)I,1936,p. 306,n. 79.

入口"(small hook，notch)，serbe-ge 是"V 形凹入口，小钩，鳃，顶饰，钩扣"(notch，small hook，gill，crest，agraffe)。① 总之，姑且不管当初匈奴说的话是蒙古、东胡(Tungus)[6]或突厥(Turkish)，照以上这些人的假设，"师比"这个字无论如何不是印欧语。可是最近门琛(Otto Maenchen-Heilfen)认为师比和"郭落"都是从印欧语来的。他根据《大招》里"小腰秀颈，若鲜卑只"，认为"鲜卑"这个词的发现在纪元前 230 年以前，那时中国还不知道有匈奴，楚国人当然不会向他们借来带钩和鲜卑或师比这个字。因此他把这两个字构拟作：

(1)师比 *serbi，"带钩"可以和印欧语指"钩，镰"等词比附：古教堂斯拉夫语 OCS. srъpъ，立陶宛语 Lett. sirpe，希腊语 Gk. ἅρπη，拉丁语 Lat. sarpio 和 sarpo，古爱尔兰语 O. Irish. serr。

(2)郭落 *kwâklâk，"带"也可以和印欧语比附：原始印欧语 IE. kue̯kulo-，希腊语 κύκλοσ"圆圈，circle"，梵语 Skt. cakrá，古波斯语 Avest. čaxrō，吐火罗语 Tokhar. A. kukäl "轮子 wheel"。拿这些词和"带"比较，并没有语义上的困难。②

关于门琛的构拟我且不来批评。不过，他只根据《大招》里的"鲜卑"一词切断了这个字和匈奴的语源关系，我却不大以为然。照我看，也许因为"鲜卑"这个词的发现反倒可以解

---

① Kovalevskij, *Dictionaire Mongol-Russe-Francsais*，Ⅱ. p.1373.
② Otto Maenchen-Heilfen, Are Chinese *Hsi-pi* and *Kuolo* IE Loanwords? *Language*，XXI，4(1945)，pp. 256 - 260.

决聚讼已久的《大招》时代问题。① 因此我还倾向于伯希和们对于师比*serbi 的假设。[7]

（三）璧流离　《说文》玉部㻸字下云："璧㻸,石之有光者也。"（依段注校改）。段玉裁注说："璧㻸,即璧流离也。《地理志》曰：'（黄支国）……入海市明珠璧流离。'《西域传》曰：'罽宾国出璧流离。'璧流离三字为名,胡语也,犹珣玗琪之为夷语[8]。汉武梁祠堂画有璧流离,曰：'王者不隐过则至。'《吴禅国山碑》[9]纪符瑞,亦有璧流离。梵书言吠瑠璃,吠与璧音相近。《西域传》注,孟康曰：'（璧）流离青色如玉。'今本《汉书注》无璧字,读者误认正文璧与流离为二物矣。今人省言之曰流离,改其字为瑠璃；古人省言之曰璧㻸。㻸与流、瑠音同。扬雄《羽猎赋》'椎夜光之流离',是古亦省作流离也。"关于璧流离这个语词在汉以前的出处,段玉裁所说已经介绍得非常详尽,可惜他只泛指为胡语而没能仔细推究它的语源。案这个语词的对音可以分作两派：一种是旧译的璧流离、吠瑠璃；另一种是新译的毗头梨、鞞头利也。前者出于梵文俗语（Prakrit）的veḷūriya,后者出于梵文雅语（Sanskrit）的vaiḍūrya。② 本义原为青色宝,后来变成有色玻璃的通称,和

---

① 游国恩《先秦文学》云："作《大招》者非景差亦非屈原,盖秦汉间人模拟《招魂》之作,不必实有其所招之人也。……观其篇首无叙,篇末无乱,止效《招魂》中间一段；文辞既远弗逮,而摹拟之迹甚显,其为晚出,殆无疑焉。"游氏并举"鲜蠵甘鸡"一段言楚者三,及"青色直眉,美目婳只"中"青"字为秦以后语为证。（页157—159）[商务印书馆,1933]

② Thomas Watters, *Chinese Language*, p. 433；何健民译,藤田丰八著《中国南海古代交通丛考》,页 115[商务印书馆,1936]；冯承钧《诸蕃志校注》,页 132、133[商务印书馆,1940]；季羡林《论梵文ṭḍ的音译》,1949 年,页 29、30。

希腊 βιρυλλοδ，拉丁 beryllos，波斯、阿剌伯的 billaur，英文的 beryl，都同出一源。从段玉裁所引许多历史上的证据，可知璧流离这种东西以及这个语词在汉朝时候已经从印度经由中央亚细亚输入中国了。

（四）葡萄　《史记·大宛列传》载汉武帝通西域得葡萄、苜蓿于大宛，可见这两种东西都是张骞带回来的。葡萄，《史记》《汉书》作"蒲陶"，《后汉书》作"蒲萄"，《三国志》和《北史》作"蒲桃"。西洋的汉学家们，像陶迈谢（W. Tomaschek）[①]、荆思密（T. Kingsmill）[②]和夏德（F. Hirth）[③]都假定这个词出于希腊语 βότρυs "a bunch of grapes"，沙畹和赖古伯烈（Terrien de Lacouperie）也附和这一说。劳佛以为葡萄很古就种植在伊朗高原北部一带，时代实在比希腊早。希腊人从西部亚细亚接受了葡萄和酒。希腊文的 βότρυs 很像是闪语（Semetic）借字。大宛（Fergana）人绝不会采用希腊字来给种植在他本土很久的植物起名字。他以为葡萄盖与伊朗语 *budāwa 或 *buðawa 相当。这个字是由语根 buda 和词尾 wa 或 awa 构成的。照劳佛的意思，buda 当与新波斯语 bāda（酒）和古波斯语 βατιάκη（酒器）有关。βατιάκη 等于中古波斯

[①] 'Sogdiana', *Sitzungsber. Wiener Akad.*, 1877, p. 133.

[②] The Intercourse of China with Central and Western Asia in the 2nd Century B. C., *Journal of the Royal Asiatic Society*（以下简称 J. R. A. S.），China Branch XIV (1879), pp. 5, 190.

[③] *Fremde Einflüsse in der Chin. Kunst.* p. 25; and *Journal of American Oriental Society*（以下简称 J. A. O. S.）XXXVII (1917), p. 146.

语 bātak,新波斯语 bādye。① 最近据杨志玖[10]考证,葡萄一词当由《汉书·西域传》乌弋山离的扑挑国而来。扑挑字应作"朴桃"。它的所在地,照徐松说就是《汉书·大月氏传》的濮达[11],照沙畹说就是大夏(Bactria)[12]都城 Bactria 的对音。② 因为这个地方盛产葡萄,所以后来就用它当做这种水果的名称。③[13]

（五）苜蓿 在《汉书》里只写作"目宿",郭璞作"牧蓿",罗愿[14]作"木粟"。劳佛曾经发现古西藏文用 bug-sug 作这个语词的对音④,因此他就把它的原始伊朗语构拟作 *buksuk, *buxsux 或 *buxsuk。⑤ 陶迈谢(W. Tomaschek)曾经试把这个词和一种 Caspian[里海]方言吉拉基语(Gīlakī)[15]的 būso("alfalfa")相比。⑥ 假如我们能够证明这个 būso 是由 *buxsox 一类的语源孳衍而来,那就可以满意了。我们得要知道中国最初接触的东伊朗民族从来没有文字,他们所说的语言实际上已经亡掉了。可是仗着汉文的记载居然能从消灭的语言里把大宛人叫 Medicago sativa 的语词 *buksuk 或 *buxsux 保存下来,这真不能不感谢张骞的

---

① Berthold Laufer, *Sino-Iranica*, pp. 225 – 226; cf. Horn, *Neupersische Etymologie*, No. 155.

② Edouard Chavannes, *T. P.* s. Ⅱ, Ⅵ, (1905), p. 514.

③ 杨志玖《葡萄语源试探》,全文载青岛《中兴周刊》第 6 期,页 11—14,1947。

④ B. Laufer, Loanwords in Tibetan, *T. P.* s. Ⅱ, ⅩⅦ(1916), p. 500, No. 206.

⑤ B. Laufer, *Sino-Iranica*, p. 212.

⑥ 'Pamir-Dialekte', *Sitzungsber. Wiener Akad*, 1880, p. 792.

功绩!

（六）槟榔　《汉书》司马相如《上林赋》"仁频并闾"，颜师古注："仁频即宾桹也，频（字）或作宾。"宋姚宽[16]《西溪丛话》卷下引《仙药录》[17]："槟榔一名仁频。"这个名词应该是马来语（Malay）pinang 的对音。爪哇语（Java）管 pinang 叫做 jambi，也或许就是"仁频"的音译。①

（七）柘枝舞　段安节[18]《乐府杂录》[19]所记各种教坊乐舞里有一种叫做"柘枝舞"。唐沈亚之[20]《柘枝舞赋》序说："今自有土之乐舞堂上者唯胡部与焉，而柘枝益肆。"②晏殊也说这是一种胡舞。③ 刘梦得《观舞柘枝诗》："胡服何蕤葳，仙仙登绮墀。"④也只泛言胡服，并没说明是哪一国。近来据向达考证说："余以为柘枝舞出于石国。……石国，《魏书》作者舌，《西域记》作赭时，杜还[21]《经行记》作赭支。《唐书·西域传》云：'石或曰柘支，曰柘折，曰赭时，汉大宛北鄙也。'《文献通考·四裔考·突厥考》中记有柘羯，当亦石国。凡所谓者舌、赭时、赭支、柘支、柘折，以及柘羯，皆波斯语 Chaj 一字之译音。"⑤我想从字音和文献上交互证明，向氏的拟测是毫无疑义的。[22]

---

①　T. Watters, *Chinese Language*, p. 343；并参阅藤田丰八《中国南海古代交通丛考》中"宋代市舶司及市舶条例"，页 241；冯承钧《诸蕃志校注》，页 117—118。

②　《沈下贤文集》，《四部丛刊》本，页 8。

③　北京图书馆藏抄本《晏元献类要》卷二十九，"杂曲名"条"五天柘枝横吹"，原注："《古今乐府录》曰：胡乐也。"

④　《刘梦得文集》卷五。

⑤　向达《唐代长安与西域文明》，页 94—95[1933，1957]。

(八) 站　站字的本义照《广韵》上说"久立也",原来只有和"坐"字相对待的意思。至于近代语词驿站或车站的站字,那是从蒙古语ǰam借来的。这个字和土耳其语或俄语的 yam 同出一源。《元史》中所谓"站赤"是ǰamči 的对音,意译是管站的人。①

(九) 八哥　八哥是鸜鹆的别名。《负暄杂录》[23]说:"南唐李后主讳煜,改鸜鹆为八哥。"《尔雅翼》[24]也说:"鸜鹆飞辄成群,字书谓之䳑䳑(原注,卜滑切)鸟。"䳑䳑就是阿拉伯语 babghā' 或 bābbāghā' 的对音。阿拉伯人管鹦鹉叫做 babghā',鸜鹆和鹦鹉都是鸣禽里能效人言的,所以可以互相假借。

(十) 没药　这味药是从开宝六年(973 A. D.)修《开宝本草》[25]时才补入的。马忠说:"没药生波斯国,其块大小不定,黑色似安息香。"当是阿刺伯文 murr 的对音,译云"苦的"。中文或作没药,或作末药。"没"muət 和"末"muât 的声音和 murr 很相近的。李时珍说,"没、末皆梵言",那是因为不知道来源才弄错的。

(十一) 胡卢巴　宋嘉祐二年(1057 A. D.)修《嘉祐补注本草》[26]时才收入,一名苦豆。掌禹锡说:"出广州并黔州,春生苗,夏结子,子作细荚,至秋采。今人多用岭南者。或云是番萝卜子,未审的否。"苏颂《图经本草》[27]说:"今出广州,或

---

① 冯承钧《西域南海史地考证译丛续编》——伯希和《高丽史中之蒙古语》,页 78,系读白鸟库吉《高丽史に見えゐゐ蒙古语之解释》(东洋学报 18 卷 pp.72-80,东京,1929)的提要。

云种出海南诸番,盖其国芦菔子也。……唐以前方不见用,《本草》不著,盖是近出。"这味药也是阿剌伯文 ḥulbah 的对音,大约在第 9 世纪才输入中国的。

(十二) 祖母绿　绿柱玉(emerald)一名翠玉。《珍玩考》[28]又称"祖母绿"。《辍耕录》[29]作"助木剌",《清秘藏》[30]作"助水绿"(水盖木字的讹写)。后面这三个名词都由阿拉伯文 zumunrud 译音而成。①

以上所举的例子,有的历史比较早,有的流行很普遍,都是很值得注意的。此外像"淡巴菇""耶悉茗"借自波斯语的 tambaco, jasmin,"阿芙蓉"借自阿拉伯语的 afyun。这一类例子一时无从举完,我只能挑出些极常见的来以示一斑。

*　*　*　*　*　*

自从海禁大开以后,中国和欧美近代国家的来往一天比一天多,语言上的交通自然也一天比一天频繁。要想逐一列举那是绝对不可能的。为便于概括叙述,咱们姑且把近代汉语里的外国借字分作四项:

(甲) **声音的替代**(phonetic substitution)　就是把外国语词的声音转写下来,或混合外国语言和本地的意义造成新词。细分起来,再可列作四目:

(1) 纯译音的　例如广州管保险叫燕梳(insure),邮票叫士担(stamp),叫卖叫夜泠(yelling),牌号叫嚜(mark),商人叫孖毡或孖展(merchant),时兴叫花臣(fashion),发动机叫磨打(motor),十二个叫打臣(dozen),四分之一叫骨或刮

---

① 这四条例子里的阿剌伯文对音都承马坚教授指示,特此声谢!

(quarter)，支票叫则或赤(check)，一分钱叫先(cent)之类，都是由英语借来的。上海话管机器叫引擎(engine)，软椅叫沙发(sofa)，暖气管叫水汀(steam)，电灯插销叫扑落(plug)，洋行买办叫刚白度(compradore)，也是从英语借来的。此外像各地通行的咖啡(coffee)、可可(cocoa)、雪茄(cigar)、朱古力(chocolate)、烟士披里纯(inspiration)、德谟克拉西(democracy)等等也应属于这一目。

（2）音兼义的 有些借字虽然是译音，但所选用的字往往和那种物件的意义有些关系。例如吉林管耕地的机器叫马神(машина)，哈尔滨管面包叫裂粑(хлеб)，火炉叫壁里砌(печь)，这是受俄语的影响。此外广州话管领事叫江臣(consul)，管电话叫德律风(telephone)；还有人把美国一种凉爽饮料译作可口可乐(coca-cola)，把世界语译作爱斯不难读(Esperanto)，也都是属于这一目。

（3）音加义的 这类借字有一部分是原来的译音，另外加上的一部分却是本地话的意义。例如广州话管衬衣叫恤衫(shirt)，管支票叫则纸(check)，还有普通话里的冰激凌(ice cream)、卡车(car)、卡片(card)、白塔油(butter)、佛兰绒(flannel)之类，都属于这一目。药名金鸡纳霜和英语的quinine 不大相符，可是咱们得知道这个字的前半是西班牙文quinquina 的对音，霜字是形容那种白药末儿的样子。

（4）译音误作译义的 例如"爱美的"一词原是 amateur 的译音，意思是指着非职业的爱好者。可是有人望文生训把"爱美的戏剧家"误解作追逐女角儿的登徒子，那就未免唐突这班"票友"了！

（乙）**新谐声字**（new phonetic-compound）　外国语词借到中国后，中国的文人想把他们汉化，于是就着原来的译音再应用传统的"飞禽安鸟，水族着鱼"的办法，硬把他们写作谐声字，在不明来源的人看，简直不能发现它们的外国色彩。这种方法由来已久。例如从玉罪声的珋字，见于许慎《说文》，很少人知道它是梵文俗语 veḷūriya 的缩写（参看上文璧流离）；从衣加声和从衣沙声的袈裟见于葛洪《字苑》，很少人知道它是梵文雅语 kāṣaya 的译音。此外，像莳萝（cummin）出于中世波斯语的 zīra，茉莉（jasmin）出于梵文的 malli；在习焉不察的中国读者恐怕极少知道这两种植物是由外国移植过来的。自从科学输入以后，像化学名词的铝（aluminum）、钙（calcium）、氨（ammonia）、氦（helium）之类，更是多得不可胜数。至于广州话管压水机（pump）叫做"泵"，那似乎又是新会意字而不是谐声字了。

（丙）**借译词**（loan-translation）　当许多中国旧来没有的观念初从外国借来时，翻译的人不能把他们和旧观念印证，只好把原来的语词逐字直译下来，这就是所谓借译。这类借字大概以抽象名词居多。当佛法输入中国以后，佛经里有很多这一类的借译词。像"我执"（ātma-grāha）、"法性"（dharmakara）、"有情"（sattva）、"因缘"（hetupratyaya）、"大方便"（mahopāya）、"法平等"（dharmasamatā）之类，都属于这一项。近代借字的许多哲学名词，像葛林（Thomas H. Green）的"自我实现"（self-realization）、尼采（Friedrich W. Nietzsche）的"超人"（Übermensch），也都是所谓借译词。

（丁）**描写词**（descriptive form）　有些外来的东西找不

出相等的本地名词,于是就造一个新词来描写它,或者在多少可以比较的本地物体上加上"胡""洋""番""西"一类的字样,这就是所谓描写词。这种借字的方法从很早就有的。在中国把西方民族统通看作"胡人"的时候,已经有胡葱(Kashgar 的 onion)、胡椒(印度的 pepper)、胡麻(外来的 flax 和 sesame)、胡瓜(cucumber)、胡萝卜(carrot)等等。稍晚一点儿便有把泛称的"胡"字改作地名或国名的,像安息香(the fragrant substance from Arsak or Parthia)①、波斯枣(Persian date)之类。近代借字里的描写词,有的加国名,像荷兰水(soda water)、荷兰薯(potato)、荷兰豆(peas);有的加"西"字,像西米(sago)②、西红柿(tomato);有的加"番"字,像番茄(tomato)、番枧(soap);有的加"洋"字,像洋火或洋取灯儿(match)、洋烟卷儿(cigarettes)。还有不加任何地域性的词头,只就东西的性质来描写的,像广州管煤油(petroleum)叫"火水",管洋火(match)叫"火柴",也都是所谓描写词。③

以上所举的几条例子不过想把中国语里的外来借字稍微指出一些纲领。若要详细研究,广博搜讨,那简直可以写成一部有相当分量的书。然而这却不是轻而易举的事。因为从事这种工作的人,不单得有语言学的训练,而且对于中

---

① Thomas Watters, *Chinese Language*, pp. 328–331.

② sago 中国也写作砂縠或西谷。在安南作 saku,印度作 sagu,马来作 sagu。Grawford(Des Dict. Indian Isl.)以为这个字根本不是马来语,应该是从摩鲁加群岛(Molucca Islands)的土语演变而来的。参看 Thomas Watters 前引书 pp. 342–343。

③ 关于近代语借字所分的四类参看罗常培"*Chinese Loanwords from Indic*"稿本,pp. 3, 4。

西交通的历史也得有丰富的常识，否则难免陷于错误。例如，李玄伯[31]在《中国古代社会新研》[32]里说："focus者，拉丁所以称圣火也。中国古音火音近佛，略如法语之 feu，现在广东、陕西语所读的仍如是。focus 之重音原在 foc，由 focus 而变为火之古音，亦如拉丁语 focus 之变为法语之 feu，失其尾音而已。"我们先不必抬出"古无轻唇音"的高深考证来，单就火属晓纽[x]不属非纽[f]一点来说，就可把这个说法驳倒了！况且比较语言学本来没那么简单，如果不能讲通成套的规律，就是把一个单词孤证讲到圆通已极，也不过枉费工夫罢了。至于把拉丁语、中国古语硬扯关系，也和早期传教士推溯汉语和希伯来语同源弄成一样的笑话！

当两种文化接触时，照例上层文化影响低级文化较多。然而专以借字而论，中国语里却有入超现象。这当然不能纯以文化高低作评判的标准，另外还有许多别的原因。第一，当闭关自守时代，中国一向以天朝自居，抱着内诸夏而外夷狄的态度。固有的哲学、宗教、艺术、文化，四裔诸邦很少能领略接受，因此语词的交流至多限于一些贸易的商品或官吏的头衔。第二，中国向来对于外国语不屑于深入研究，遇到有交换意见的必要也不过靠着几个通译的舌人，到底有若干语词流入异域，从来没有人注意过。第三，自从海禁大开以后，西洋人固然翻译了不少经典古籍，可是除去专名和不可意译的词句很少采取"声音替代"的借字法，就是有些借译词或描写词也容易被一般人所忽略。第四，汉语的方言太复杂，从一种方言借出去的字，说别种方言的人不见得能了解，因此就不觉得它是中国话。有这种种原因，难怪中国语里的借词多于贷词了。

对于外国语里的中国贷词研究,据我所知,像:徐勒吉(Gustav Schlegel)对于马来话①,劳佛对于西藏话②,李方桂对于泰语③,Ko Taw Seim 对于缅甸语④,佘坤珊对于英语⑤,都供给一些材料。可是要作系统研究,还得需要若干专家去分工合作才行。我在这里只能举几个简单的例子。

有些中国字借到外国语里以后,翻译的人又把它重译回头,因为昧于所出,不能还原,于是写成了几个不相干的字。这样展转传讹,连"唐人都唔知呢啲系唐话喽"!例如,《元朝秘史》壹"捏坤太子"中的"太子"两字,《圣武亲征录》[33](王国维校本页 35)作"大石",《元史》壹零柒《世系表》和《辍耕录》都作"大司",《蒙古源流》[34]叁又作"泰实":其实这只是汉语"太师"二字的蒙古译音 taišī。⑥ 同样,《元朝秘史》里的"桑昆"(sänggün 或 sänggum),一般人认为是"将军"的对音,伯希和却怀疑它是"相公"的对音。⑦ 此外,那珂通世以为蒙语

---

① Gustav Schlegel, Chinese Loanwords in the Malay Language, T. P. I (1890), pp. 391 – 405.

② Berthold Laufer, Loanwords in Tibetan, T. P. s. II, XVII (1916), pp. 403 – 552.

③ 李方桂《龙州土语》,南京,1940, pp. 20 – 36, Some Old Chinese Loanwords in the Tai Language, H. J. A. S. VIII, p. 344 (March, 1945), pp. 332 – 342.

④ Ko Taw Seim, Chinese Words in the Burmese Language, India Antiquiry, XXXV (1906), pp. 211 – 212.

⑤ 佘坤珊《英文里的中国字》,《文讯》第 1 期,页 5—17,贵阳文通书局。

⑥ 伯希和《蒙古侵略时代的土耳其斯坦评注》,见冯承钧译《西域南海史地考证译丛》三编,页 40。

⑦ 同上书,页 42。

"兀真"(或作"乌勤",ujin)就是汉语"夫人";"领昆"(linkum)就是汉语的"令公"。① 照此类推,满洲话的"福晋"(fujin)虽然意思是汉语的"公主"②,可是就声音而论,它和"夫人"更接近了。英语里的 typhoon,在 1560 年 F. Mendes Pinto 就开始用过了。关于它的语源,西洋的汉学家们,有的说出于希腊语的 typhon,有的说出于阿拉伯语的 tūfān;有人认为它就是广东话"大风"的译音,还有人认为它借自台湾的特别词汇"台风"。③ 在这几说中我个人偏向第三说。不过,"台风"这个词在康熙二十三年(1684)《福建通志》卷五十六《土风志》里就出现过,王渔洋[35]的《香祖笔记》[36]里也用过它。可见它从 17 世纪起就见于中国的载籍,不过修《康熙字典》时(1716)还没收入罢了。

萨皮尔说:"借用外国词往往惹起他们的语音改变。的确有些外国声音和重读特点不能适合本国的语音习惯。于是就把这些外国语音改变,使他们尽可能地不违反本国的语音习惯。因此咱们常常有语音上的妥协。例如近来介绍到英语来的 camouflage(伪装)这个字,照现在通常的读音和英、法文特有的语音惯例都不对。送气的 k,第二音节的模糊元音,l 和末一个 a 的准确音质,尤其是第一音节上的强重

---

① 李思纯《元史学》[中华书局,1927]第三章页 126—127 引那珂通世《成吉思汗实录》页 33 和该书叙论页 59。

② Thomas Watters, *Chinese Language*, pp. 356 - 366.

③ Henry Yule and A. C. Bumell, *Hobson－Jobson*, New edition, edited by William Crooke, pp. 947 - 950;G. Schlegel, Etymology of the Word Taifun, *T. P.* Ⅶ(1896), pp. 581 - 585.

音,这些都是对于英文发音习惯非意识的同比结果。这些结果把英、美人所读的 camouflage 弄得清清楚楚的和法国人所读的不同。另一方面,第三音节里长而重的元音和'zh'音(像 azure 里的 z)的语尾位置也显然是'非英文的'(un-English),恰好像中世英文的声母 j 和 v 起初必曾觉得不和英语惯例切合,可是这种异感现在早已消磨完了。"①卜隆斐尔[布龙菲尔德]也说:"本来介绍借字的或后来用它的人常常愿意省去他自己的双重筋肉调节,就用本地的语言动作(speech-movements)来替换外国的语言动作。例如在一句英语里有法文 rouge 这个字,他就用英语的[r]替换法语的小舌颤音,用英语的[uw]替换法语非复音的(non-diphthongal)紧[u]。这种语音的替代在不同的说话者和不同的情景之下程度要不一样;没有学过法语发音的人们一定得作成上面所说的程度。历史家将要把这种现象算作一种适应,这种适应可以改换外国的语词来迁就自己语言的基本语言习惯。"②由这两位著名语言学家的说法,咱们可以知道借字对于本来语言的改变率是相当大的。现在且举一个大家公认的汉语贷词但还不能确证它的原来汉字是什么的:

在 7 世纪突厥的碑文中有 Tabghač 一个字,这是当时中央亚细亚人用来称中国的。这个名称在一定地域之中一直延存到元朝初年,因为 1221 年邱处机西行的时候,曾在伊犁

---

① Edward Sapir, *Language*, pp. 210–211.
② Leonard Bloomfield, *Language*, pp. 455–456.

听见"桃花石"（Tabghač）这个名词。① 在东罗马和回教徒的撰述里也见有这个名称，但有的写作 Tamghaj，Tomghaj，Toughaj，也有的写作 Taugaš，Tubgač。它的来源当初并没判明，为什么叫"桃花石"也不得其解。夏德（F. Hirth）和劳佛（B. Laufer）以为这些字乃是"唐家"的对音②，桑原骘藏又进一步解释作"唐家子"③。伯希和以为"桃花石"的名称在 7 世纪初年 Théophylacte Simocatta 的撰述里早已写作 Taughast，他所记的显然是 6 世纪末年的事迹和名称，同唐朝实在没关系。④ 他"曾考究桃花石原来的根据，或者就是拓跋。其对音虽不精确，而有可能。就历史方面来说，元魏占领中国北部，而在中亚以土姓著名，遂使中亚的人概名中国为拓跋。犹之后来占据元魏旧壤的辽朝，种名契丹，中亚的人又拿这个名字来称呼中国的情形一样。这也是意中必有的事。"⑤这三种假设，严格照对音推究起来，都不能算是精

---

① 《长春真人西游记》卷上："九月二十七日至阿里马城……土人呼果为阿里马，盖多果实，以是名其城。……土人惟以瓶取水，戴而归，及见中原汲器，喜曰：'桃花石诸事毕竟巧。'桃花石谓汉人也。"《丛书集成》本，页 12。

② F. Hirth, *Nachwörte zur Inschrift des Tonjukuk*, p. 35.

③ 桑原骘藏说见其所著《宋末提举市舶西域人蒲寿庚之事迹》，页 135—143（陈裕菁译《蒲寿庚考》页 103—109；冯攸译《中国阿剌伯海上交通史》页 132—143），又《史林》第 7 卷第 4 号页 45—50。参阅向达《唐代长安与西域文明》页 25，注 1。

④ 参考沙畹（Edouard Chavannes）撰《西突厥史料》(*Documents sur les Toukiue Occidentaux*, pp. 230 - 246)。因年代不合而不能考订 Tabghač 为唐朝，此说 Yule 在 1866 年早已说过了(*Cathay and the Way Thither*, Ⅰ, LⅢ)。

⑤ P. Pelliot, L'orgine du Nom de "Chine", *T. P. s.* Ⅱ. ⅩⅢ (1912), pp. 727 - 742；冯承钧《西域南海史地考证译丛》，伯希和《支那名称之起源》，页 45—46。俄语称中国为 Китай[k'i-t'ai]，即契丹之译音。

确。"唐家子"的说法虽然可以用同化(assimilation)的规律把 Tamghaj 或 Tomghaj 读作 *Tangghaj 或者 *Tongghaj,又可用西北方音丢掉鼻尾的现象勉强拿 Tau- 或 Tou- 对译"唐"字,可是 Tubgač 和 Tapkač 两个写法又不好解释了。总之,当初借字的人把中国古音歪曲太多,以至经过许多专家的揣测还不能确指它的来源,这的确不能不算是遗憾!

然而解释外国语里中国贷词的麻烦却还不止于此。照我的看法,另外还有时间和空间的两种困难:

凡是稍微知道一点汉语变迁史的人都应该明白,中国从周秦到现代,语音是随着时代变迁的。假若拿着现代汉语的标准去衡量不同时代的贷词,那就难免摸不着头绪。例如"石"字中古汉语读 ẑiäk,现代汉语读 ṣi,在西藏借字里把"滑石"读作 ha-sig,而把"玉石"读作 yü-si,"钟乳石"读作 grun-ru-si。① "石"字的 -k 尾(西藏写作 -g)在前一个例里仍旧保存,在后两个例里却完全丢掉。这正可以显示三个字并不是在同一时代从汉语借去的。如果单以现代音为标准就不能确认 sig 和 si 所对的原来是同一个字,并且把这可宝贵的音变佐证也忽略掉了。藏文借字的时代有明文可考的,咱们可举"笔"字作例。汉文的"笔"字藏文借字作 pir。据《唐会要》说:吐蕃王弄讚赞普(Sroṅ-btsan Sgam-po)请唐高宗(650—683A. D.)派遣造纸笔工人。② 可见中国的毛笔至晚在 7 世

---

① B. Laufer, Loanwords in Tibetan, T. P. s. II, XVII (1916), pp. 509, 521.
② 《唐会要》卷九十七,页三下。闻人诠本卷一四六上,3a。

纪已经输入西藏了，古汉语的-t 尾许多中亚语都用-r 来对，所以 pir 恰是古汉语 piĕt 很精确的对音。准此类推，像"萝卜"作 lá-bug 或 la-p'ug，"铗子"作 a-jab-tse，保存了中古音的-k 尾或-p 尾。他们借入藏语的时代一定比"粟米"su-mi 或"鸭子"yā-tse 早得多。因为"粟"（sĭwok）的-k 尾和"鸭"（*âp）的-p 尾，在后两个借字里都不见了。①

汉语贷词在方言里的纷歧也正像在古今音中的差异一样。中国首先和马来人贸易的以厦门或其他闽南人居多。所以不单闽南语里渗入许多马来语词，就是马来语里的汉语贷词也都限于这一隅的方言，旁地方的人很难辨识它是从中国借去的。例如马来语里的 angkin 借自"红裙"，bami 借自"肉面"，bak 或 bek 借自"墨"，tjit 借自"拭"，niya 借自"领"，tehkowan，tehko 借自"茶罐""茶鼓"……凡是能说厦门语的一看见上面这些汉字就会读出很相近的 [aŋ˧ kun˧]，[baʔ˧ mĩ˧]，[bak˧, biək˧]，[tɕit˦]，[mĩ ã˧]，[te˧ kuan˦]，[te˧ kɔ˦] 等等声音；反之，他们听见那些马来声音也会联想到这些汉字。②[37] 假设换一个旁的方言区里从来没听见过厦门或其他闽南方言的中国人，他无论如何也找不出相当的汉字来。这在从外国借来的字也有类似的现象。例如，梵文的 Bodhidharma，在中国的禅宗经论里一向译作菩提达摩或简

---

① 关于藏文借字各例，参看 Laufer 前引文，T. P. s. Ⅱ, ⅩⅦ (1916), pp. 503, 508, 518, 522.

② 参看 Gustav Schlegel, Chinese Loanwords in the Malay Language, T. P. Ⅰ (1890), p. 394, 400, 402, 403；罗常培《厦门音系》，北京, 1930.

称达摩,可是厦门人却把它写作陈茂。① 这不单把这位禅宗初祖汉化了,而且照厦门音读起来,陈茂[tā˩ cm˩]的确和达摩[tat˩ mo˩]没有什么大分别。同样,回教的教主 Mohammed 普通都译作穆罕默德,可是赵汝适在《诸蕃志》里却把他写作麻霞勿。② 这两个人名用普通话读起来相差很多,从后一个译名绝对找不出它和 Mohammed 的渊源来。不过,假如咱们请一位广东人念"麻霞勿"三字[mɑ˩ hɑ˩ mɐt˩],岂不是很好的对音,比"穆罕默德"更贴切吗?

近百年来,中国和英美的接触最多,语言上的交互影响当然也最大。关于汉语里的英文借字,我在上文已经约略提到,这里我想再举几个从汉语借到英文里的例。中国对外贸易以丝、瓷、茶为大宗,所以咱们先从这三种东西说起。

现在英语的 silk(丝)中世英语作 silk 或 selk,它是从盎格鲁-撒克逊语 seolc,seoloc 演变来的;和古北欧语 silki,瑞典丹麦语 silke,立陶宛语 szilkai,俄语 shelk',拉丁语 sericum, sericus,希腊语 sēres,sērikos 都有关系。英语里的 seres, seric, sericeous, serge, sericulture 等都是它的孳乳字。③ 汉语"丝"字的现代音 sɿ 和中古音 si: 虽然和印欧语里的各种语词不太切合,可是它的上古音 *sjəg 就有几个音素可

---

① Thomas Watters, *Chiness Language*, pp. 393 – 394.
② Friedrich Hirth and W. W. Rochhill, *Chau Ju-kua*, His Work on the Chinese and Arab Trade in the 12th and 13th Centuries, entitled *Chu-fan-Chih*, St. Petersberg,1912,pp. 116 – 120.
③ 参看《牛津字典》Ⅸ,si,p. 46;Walter W. Skeat,*A Concise Etymological Dictionary of the English Language*, p. 485;*Webster's New International Dictionary of the English Language*,2nd. Ed. ,pp. 2285b – 2337b.

以和它们比较。所以印欧语里这些关于"丝"的语词无疑是从中国 *siəg 借去的。从历史来讲，丝业最初是中国发明的，也是我们物质文明最早传布到全世界的。我们养蚕和缫丝的方法在 3 世纪的时候传到日本。先是，日本派了几个高丽人到中国来学习，这些人回到日本去的时候带回了四个中国女子专教皇宫里的人各种纺织的技术。后来日人在 Settsu[38] 省为这四个女子建了一座庙以纪念她们的功德。相传在 5 世纪的时候，有一个中国公主把蚕种和桑籽缝在她的帽子里，然后经和阗越葱岭而传到了印度。等到地中海的人学会养蚕的时候已经是 6 世纪了。当时罗马皇帝茹斯逊年（Justinian）派了两个波斯僧侣到中国来学习各种缫丝和纺织的秘密。约在纪元 550 年左右，这两个僧侣把蚕种藏在一根竹竿里才带到了君士坦丁，于是，"西欧 1200 多年的丝业都发源在这竹管里的宝藏"。① 欧洲人所以叫中国作 Sěres 或 Serres，正可见他们心目中的中国就是产丝的国家。西洋人对于蚕能吐丝的事实好久不能了解，于是发生了很有趣的观念。有的人以为丝是一种植物，生长在树上。在 15 世纪的时候有一个英国人说："有一种人叫 Serres，他们那里有一种树长着像羊毛一般的叶子。"因此英国人常称丝作"中国羊毛"（Serres' wool）。这种观念的历史很古，罗马诗人 Virgil [维吉尔]就说过：

> How the Serres spin,
> Their fleecy forests in a slender twine.

---

① *Encyclopadiadia Britanica*, vol. 20(14th ed.), pp. 664–666.

（中国人把他们羊毛的树林纺成细纱。）

一直到 16 世纪，Lyly 的书里还记载着很奇怪的传说，以为丝的衬衫能使皮肤出血！①

后来中国和西欧的海上交通发达起来，我们输出的丝织品的种类也渐渐多了。于是流行在英国的贷词，有 Canton-crape（广东绉纱）或 China-crape（中国绉纱），有 pongee（本机绸），Chefoo silk（芝罘绸）或 Shantung silk（山东绸）。此外像 pekin 指北京缎，nankeen 指南京黄棉布，那又从丝织品推广到棉织品了。②

可以代表中国文化的输出品，除了丝以外就得算瓷器，我们中国的国名 China 也因此竟被移用。不过，Sĕrres 是用出产品代表国名，China 却是借国名代表出产品罢了。China 和拉丁语 Sinae，希腊语 Thinai，印度语 Cina 都同出一源。关于它的语源，虽然有人以为它或者是纪元前 4 世纪时马来群岛航海家指示广东沿岸的名称③，可是我个人还赞成它是"秦的对音"④[39]。当瓷器输入欧洲的时候，英国人管它叫 chinaware，意思就是 ware from China（中国货）。随后 chinaware 的意思变成 ware made of china（瓷器），末了把 ware 也省去了，于是就变成了 china。现在"中国"和"瓷器"

---

① 佘坤珊《英文里的中国字》，《文讯》第 1 期，页 7。
② 同上书，页 6－7。
③ 劳佛(B. Laufer) The Name China（《支那名称考》），T. P. s. Ⅱ，ⅩⅢ (1912)，pp. 719－726。
④ 伯希和(P. Pelliot) Deux Intinéraires de Chine en Inde, B. E. F. E. O. Ⅳ(1901)，pp. 143－149，又 T. P. s. Ⅱ，ⅩⅢ (1912). pp. 727－742（见前）。

在英文里的分别只是字首大小写的区别。可是在说话里，Chinaman（中国人），chinaman（卖瓷器的人），甚至于和chinaman（瓷人）三个字的第一音段读音是一样的，只是第二音段的元音，因为轻重读的不同，分成[ə]和[æ]两音罢了。

中国的瓷器最初是16世纪的葡萄牙人带到欧洲去的。他们不像英国人那样含糊地叫"中国货"，而特别取了一个名字叫它porcellana（后来变成英文的porcelain），意思就是"蚌壳"，他们把那光润乳白的质地比作螺甸那样可爱。

英国的陶业到18世纪才有，以前都是依靠着中国输入大量的瓷器。随着陶业的发展，许多技术上的名词也进了英文。起先他们由中国输入不可缺的原料如"高岭土"（kaoling）和"白土子"（petuntze）。kaoling是江西景德镇西北高岭的译音。高岭土亦叫做china-clay，porcelain-clay或china-metal。白土子也是原料之一，但是没有高岭土价值贵。这两种原料配合的成分"好的瓷各半；普通的用三分高岭土对六分白土子；最粗的也得用一分高岭土对三分白土子"①。制成瓷器以后，第二步当然要加彩色，于是china-glaze，china-paints，china-blue，china-stone种种瓷釉的名称也跟着来了。最初他们着重模仿中国瓷器上的花纹，所以"麒麟"（chilin or kilin）[40]、"凤凰"（fenghwang）和"柳树"（willow pattern）也被他们学去了。柳树花纹是英人Thomas Turner在1780年输入英国的。后来这个图案很受欢迎，于是日本商人看到有机

---

① *Encylopadia Britanica*，vol. 5，p. 549，china-clay：《牛津字典》Ⅱ，p. 35 Ⅰ，又Ⅴ，p. 652。

可乘,就大量的仿造,用廉价卖给英美的平民。①

第三种代表中国文化的出产品就要推茶了。这种饮料在世界文明上的贡献恐怕不亚于丝和瓷。中国饮茶的风气从唐时才开始盛行起来②,但张华《博物志》[41]已经有"饮真茶令人少眠"的话,可见茶有提神止渴的功用晋朝时候的人早就知道了。外国流行一个关于茶的传说,也可证明它的功用。相传印度的和尚菩提达摩(Bodhidharma)发愿要睁着眼打坐九年。三年终了的时候他发觉两只眼睛闭上了,于是割去了眼皮继续打坐。到了第六年终了正疲倦要睡的时候,偶然伸手从身旁的一棵树上摘下一个叶子来含在嘴里,顿觉精神百倍,使他达到九年不睡的初愿。③

欧洲最早的茶商是葡萄牙人。④ 他们在 16 世纪的末叶到中国来买茶,那时他们采用普通话的读音 chaa。后来远东的茶叶都操在荷兰人的手里。这些荷兰人都集中在南洋一带,所以厦门人先把茶叶由中国运到爪哇的万丹(Bantan)[42],然后再用荷兰船载往欧洲各国。厦门口语管茶叫做[te],荷兰人也跟着读 téh。因此欧洲人凡是喝荷兰茶

---

① 佘坤珊《英文里的中国字》,《文讯》第 1 期,页 7—9。

② 封演《封氏闻见记》:"李季卿宣慰江南,时茶饮初盛行。陆羽来见。既坐,手自烹茶,口通茶名,区分指点,李公心鄙之。茶罢,命奴子取钱三十文酬茶博士。"按陆羽于上元初(760 A. D.)隐苕溪,则茶饮盛行于 8 世纪中叶。

③ *Encyclopadia Britanica*, vol. 21(14th ed.), p. 857.

④ 关于茶的最早记录,在 852 年有阿拉伯 sēkh 字见于 *Relation des Voyages faits par les Arabes et les persons dans l'Indie et à la Chine dans le IX e Siècle de l'ere Chritienne*, Reinaud 译本 I, p. 40 又作 Chiai Catai, 见 1545 年 *Ramusio Dichiaratione*, in II, p. 15; 参阅 Hobson-Jobson, new edition, pp. 905 - 908.

的像法、德、丹麦等国的人都采用厦门音（例如法语 thé, 德语 Tee 或 Thee,较早的欧洲音 tā），而喝大陆茶的俄、波、意诸国都保持官音（例如，意语 cia，俄语 чай[tʃ'aːi]，葡萄牙语 o chá）。英国最早也采用官音（例如 Thomas Blount 在 1674 年的作品里就拼作 cha），后来因为大量的购买荷兰茶的关系才把 cha 废掉而改用 tea。Tea 在英文里最初的出现，是 1615 年东印度公司一个职员威克涵（Wickham）的信里；1600 年 9 月 28 日裴匹斯（Samuel Pepys）的日记里又拼作 tee。① 起初英人把茶看作一种极珍贵的饮料，后来渐渐变成一般平民不可少的日用品。同时英人也不专靠荷兰茶商的供给，他们自己到中国来采购各地名产。一时茶类名目的繁多引起了下面四句诗：

What tongue can tell the various kinds of tea?
Of Black and Greens, of Hyson and Bohea;
With Singlo, Congou, Pekoe and Souchong,
Cowslip the fragrant, Gunpowder the strong.

Bohea 就是福建的"武夷"，Pekoe 是"白毫"，Congou 是所谓"工夫茶"，Hyson 是"熙春"，Cowslip 是"牛舌"，Gunpowder 近于我们所谓"高末儿"。在这首诗以外的还有 Twankay"屯溪"，Keemun"祁门"，Oolong"乌龙"，Young Hyson 或 Yü-chien"雨前"，也随着茶叶输入到英文里去。茶叶以外还有砖茶（brick-tea）、瓦茶（tile-tea）和粒茶（tisty-tosty）等，那只是

---

① W. W. Skeat, *A Concise Etymological Dictionary of the English Language*, p. 545, *Encyclopadia Britannica*, vol. 22(14th ed.), p. 857.

质地和形状上的区别罢了。

一部分英国人以为饮茶可以使人懦弱,所以管好喝茶的人叫 tea-spiller 或 tea-sot。从茶字英文也产生了一个成语:"to take tea with",意思是和人计较,特别是含敌对的意思。这也许由上海所谓"吃讲茶"来的。因为吃茶的习惯,英国人在日常生活里增加了不少新东西:像 tea cloth(茶巾),teapot(茶壶),teacup(茶杯),teakettle(开水壶),tea urn(茶罐),teaspoon(茶匙),tea table(茶桌),teatray(茶盘),teaset(茶具),tea rose(茶香月季),tea biscuit(茶饼),tea gown(茶礼服),tea party 或 tea fight(茶话会),tea service(备茶,清茶恭候)等等,都是从茶的文化输入英国后才产生的。我国近来所用"茶话会"的名词和办法也恰好像管牛肉汁叫"牛肉茶"(beef tea)一样,它们都是中国字到外国旅行一趟,沾染上些洋味儿又回到本国来了。①

除了茶叶之外,我们还有好多种植物移输入英美去。属于花草类的有 china-aster(蓝菊),china-rose(月季),china-berry(楝树),china-pink(石竹)等;属于水果类的有 china-orange 也叫 mandarin orange(金钱橘),loquat(栌橘或枇杷),litchie(荔枝),cumquat(金橘),whampee(黄皮);属于蔬菜的有 pakchoi,petsai 或 chinese cabbage(白菜),china-squash(南瓜),china-pea(豌豆),china-bean(豇豆)等;属于药

---

① 佘坤珊《英文里的中国字》,《文讯》第 1 期,页 9—12。

材类的有 ginseng（人参），galingale（莎草或高凉姜）①，chinaroot（菝葜根）[43]等。此外还有中国的苎麻（china-grass 或 china-straw），据说是自然界中最坚固的纤维；由桐树上所榨取的桐油（tung-oil 或 wood-oil），它在抗日战争时几乎变成我国唯一换取外汇的输出品。

咱们再看看有关商业和海上生活一类的字。西洋人来和咱们通商，第一当然要明了中国的度量衡和币制。有些名词像"细丝"（sycee）、"两"（liang）、"里、厘"（li），他们就用"声音替代"法直接借过去。"细丝"本来是指银子的纹理，后来就变成了"元宝"的别名。不过，中英贸易本来是由南洋渐渐北移到沿海的中国本土，因此有些名词英国商人就懒得译音，而采取他们熟识的马来字来代替：teal（银两），catty（斤），picul（担）等，便都是这一类。关于海上生活的字，像 typhoon 是"大风"的对音，咱们在上文已经讨论过了。除此之外，

---

① 高凉姜现广东称良姜。汉高康县，三国时名高良郡，今广东高州。此字在中世纪时西行路线，一般以为是汉语（广东）-波斯语-阿拉伯语-法文-英文。在英国有极长久的历史。《牛津字典》上说：galingale 大概是来自中文的"koliang kiang"，意思是"mild ginger from ko", a prefecture in the province of Canton. 这种姜除了当药用之外，主要是作烹饪里的香料。凡是中古欧洲的厨子都要会用这不可缺少的调味姜。英诗人乔叟（Chaucer 1340-1440）在他的 *Canterbury Tales* 里曾经描写他的厨子有专门手艺做姜煨小鸡，说：
    A cook they hadde with hem for the nones,
    To boille the chiknes with the marybones,
    And poudre-marchant tart, and galingale.
可是远在乔叟以前 350 年，英文已经发现有 galingale 这个字。它也写作 galangal。参看 Rev. G. A. Stuart, *Chinese Materia Medica*, pp. 31-33。按马坚教授云：阿拉伯人译高良姜为 khulinjān，传入德国变成 galingal，传入英国后再变为 galingale。

sampan(舢板)和 tanka(蛋家)一类的字也可以给"浮家泛宅"的蛋民生活映出一张小照。上海自从道光二十二年(1842)开作商埠后成了国际贸易的重心,所以 shanghai 这个字在英文里的意义也特别多。它除去代表一种鸡(据说能生双黄蛋)、一种油(恐怕就是桐油)和一种枪以外,还代表一种绑票的行为。当一只船上缺少水手时,常到岸上找一个人,把他用药酒灌醉,叫他在船上做苦工。这种主动行为叫"to shanghai",被害方面叫"to be shanghaied"。上海还有一种中西交通[交流]的特产就是洋泾浜英语。这种语言英美人叫 pidgin 或 pigeon English。据说 pidgin 是中国人误读英语 business 的讹音。因为中国人不会读 business,遂致错成 pidgin,有些人说受葡萄牙语 occupaçao(前二节丢了)的影响,此字亦拼作 pigeon。洋泾浜英文[44]的确是中英杂糅的结晶,是由一个不懂得英语的中国人和一个不懂中国语的英国人要想交换意见,自然而然产生的。它应用中文语法和有限的英文讹读字,临时凑成一种语言工具。应用的时候,双方各佐以手势和种种脸上的表情,随机应变。类似 pidgin 方式产生的字,咱们可以举 cumshaw 作例。这个字虽然有人以为粤语"感谢"的音译,可是很可能是 commission 的误读。因为 cumshaw 的意思并不限于"礼物""小账",而实在含有"佣钱"的意思在里头。①

此外,由我国近代史实或官制借到英文里去的,有 Taiping(太平天国),Boxer(义和拳),Kuomintang(国民党),

---

① 佘坤珊《英文里的中国字》,《文讯》第 1 期,页 12—14。

yamen(衙门),tupan(督办),tuchun(督军)①,tsungli(总理),tipao(地保)等等;由我国输出的玩艺儿得名的,有 tangram(七巧图),fire-craker(爆竹),gold-fish(金鱼),Chinese-tumbler(搬不倒儿),Chinese-lantern(纸灯笼)等等;甚至于连代表"本位文化"的赌博:"番摊"(fan-tan)和"麻将"(mah-jong),在英美的交际场上也都不是陌生的语词了!Chop-suey 起初不过是一碟普通的"抄杂拌儿",推究语源只是"杂碎"的对音。可是现在它已成了中国菜的总名,连纽约极大的餐馆,像羊城、顶好、上海饭店也都用 chopsuey house 作招牌。外国人吃中国饭的大障碍显然是那双筷子,起初他们译作 nimble sticks,不过现在还是叫 chopsticks 最普通。由我们的民间迷信用语流入英文里的,可以拿 feng-shui(风水)作代表。Joss 这个字本来是 pidgin 英语从葡萄牙文 Deos(神)借来的,在中国特指神的偶像。于是他们管中国的佛堂叫 Joss-house,庙里边的香叫 Joss-stick。②

中国素号"礼仪之邦",咱们传统的繁文缛节不免给西洋人很深刻的印象。有时他们觉得咱们过分的拘泥礼节了。法国人很幽默的把一切繁文缛节叫做 Chinoiserie。这个字的精彩很快地被英国人所赏识,于是就借了去变成 chinesery。③咱们还有时为顾全对方的面子起见不肯当时表示异议,英国

---

① 由这个字演生的还有 tuchunate 和 tuchunism 两个字。
② 佘坤珊页 14—16。
③ 《简明牛津法文字典》,p. 163,a;《牛津字典》Ⅱ,p. 354;《韦氏字典》pp. 468-469;向达说:"Chinoiserie 一词始于 18 世纪,其时它的字义指着一种中国风尚。Reichwan 的 *China and Europe* 一书有专章讨论它。"

人管这种虚伪叫做 Chinese compliment。说到"顾全面子"恐怕是我们对于英文最得意的贡献了。在英文常用的成语里有"to save one's face"一句话,据《牛津字典》记载这句话的来源说:

> Originally used by the English community in China, with reference to the continual devices among the Chinese to avoid incurring or inflicting disgrace. The exact phrase appears not to occur in Chinese, but "to lose face"(丢脸), and "for the sake of his face"(为他的面子) are common.

可是在《韦氏字典》却承认"to lose face"在美国的普遍性了。①

在旧礼节中,外国人顶不习惯的是跪拜礼。所以《牛津字典》里对于 kowtow(叩头)这个字有一句富有幽默的描写:

> The Chinese were determined they should be kept in the constant practice of the koo-too, or ceremony of genuflection and prostration.②

其实中国人哪里都是常常屈膝叩头的呢!武清郭琴石(家声)[45]师有一首咏叩头虫诗说:"如豆形骸不自休,黑衣未脱便包羞。有生直合为强项,此豸缘何但叩头?只要眼前容请放,焉知皮里蓄阳秋!倘教拒斧能相识,一怒真应嫉若雠!"③

---

① 《牛津字典》IX, p.137;《韦氏字典》p.1460, C。
② 《牛津字典》V, p.753。
③ 《忍冬书屋诗集》,叁,七。

它很可以代表一部分"有生直合为强项"的中国人的抱负!
在近代中国外交史上还有一段关于叩头的故事:当清嘉庆二
十一年(1816)英国的亚墨哈斯(Lord Amherst)奉使来华,因
为不肯在觐见时遵行跪拜礼,清廷就勒令他回国,并有"嗣后
毋庸遣使远来,徒烦跋涉"的话!这场关于"叩头"的纠纷,有
清仁宗为英使亚墨哈斯来华致英王的敕谕为证:

……尔使臣始达天津,朕饬派官吏在彼赐宴。讵尔使臣
于谢宴时即不遵节礼。朕以远国小臣未娴仪度,可从矜恕。
特命大臣于尔使臣将次抵京之时,告以乾隆五十八年尔使臣
行礼悉跪叩如仪,此次岂容改异?尔使臣面告我大臣以临期
遵行跪叩,不至愆仪。我大臣据以入奏。朕乃降旨于七月初
七日令尔使臣瞻觐;初八日于正大光明殿赐宴颁赏,再于同
乐园赐食;初九日陛辞,并于是日赐游万寿山;十一日在太和
门颁赏,再赴礼部筵宴;十二日遣行:其行礼日期仪节,我大
臣具体已告知尔使臣矣。初七日瞻觐之期,尔使臣已至宫
门,朕将御殿,尔正使忽称急病,不能动履。朕以正使猝病,
事或有之,因只令副使入见。乃副使二人亦同称患病,其为
无礼,莫此之甚!朕不加深责,即日遣令回国!……①

相传这里面还有中国官吏从中拨弄的内幕。不管怎样,这总
算中国外交史上一段有关"叩头"的趣事。英文里还有 chin-
chin 一字,本来是我们的口头语"请请"的译音。《牛津字典》

---

① 《清仁宗实录》叁贰零,五,王先谦《东华录》嘉庆肆贰,一;Harley
Farnsworth MacNair,*Modern Chinese History selected Readings*,Shanghai,1923,
pp. 11 – 13.

上说"请请"是"A phrase of salutation",照它所引证的例句来看:

> We soon fixed them in their seats, both parties repeating *chin chin*, *chin chin*, the Chinese term of saluation. (1795 Symes, *Embassy to Ava* 295(Y.))

这句话里的"请请"分明是让座的意思,并不是问好,不过展转引申,渐渐地变成致敬的意思:

> On the thirty-sixth day from Charing-cross a traveller can be making his *chin-chin* to a Chinese mandarin. (1885 Paul Mall G. 15 Apr. 4/1)

后来索性变成动词"to salute, greet":

> She "*Chin-chins*" the captain, and then nods her pretty head. (1859 All Y. Round No. 1, 18.)[1]

这未免以讹传讹,离开本义很远了。

以上关于中国话借进来或借出去的语词已经拉杂的举了好些例子,可是这仅仅是汉语借字研究的起例发凡。我很希望后起的同志能够受我这一点儿示例的启发更有进一步的探讨。最后我且引柏默的话作本章的结束:

从语言借字的分析,可以看出文化的接触和民族的关系来。这恰好像考古学家从陶器、装饰器和兵器的分布可以推

---

[1] 《牛津字典》Ⅱ p. 352, *Hobson-Jobson*, pp. 200–201。

出结论来一样。①

咱们应该知道借字在语言研究中的重要,但咱们切不可陷于牵强附会的错误。正确的结论是由充实的学问、致密的方法、矜慎的态度追寻出来的。

注释

[1] 波斯,狭义即伊朗。1935年改称伊朗王国,1979年推翻王朝,改称伊朗伊斯兰共和国。广义指波斯帝国。西亚古国。波斯人是印欧人的一支,公元前2000年代中期,波斯人从中亚迁至伊朗高原西南部,建立帝国。强盛时,东达印度河,西临爱琴海。公元前500年发动入侵希腊的希波战争,以失败告终。

[2] 暹罗,今泰国。古国名。1939年改称泰王国,1941年日军入侵,1945年日本投降后恢复国名暹罗,1949年再改称泰王国,简称泰国。

[3] 《人猿泰山》,又名《野人泰山》,20世纪30年代的有声电影。男主角是奥运游泳健将约翰尼·韦斯穆勒,与珍妮形成英雄美人配搭,初问世轰动一时。主要内容:珍妮与父亲和男友一起去非洲寻找大象的墓穴,途中珍妮遇到危险而失声尖叫,泰山从树丛中摆荡而出,救珍妮到树顶。珍妮爱上了泰山。后来他们遭野蛮的矮人族俘虏,几乎为黑猩猩所啖,泰山率象群救出。

[4] 师子,《汉书·西域传》乌弋山离国条"有桃拔、师子、犀牛",孟康曰:"师子似虎,正黄,有髯耏,尾端茸毛大如斗。"师古曰:"师子即《尔雅》所谓狻猊也。……耏亦颊旁毛也,音而。"这里所记是当时西域情况,与《后汉书·班超传》所记事时代相近。汉荀

---

① L. R. Palmer, *Modern Linguistics*, p.159.

悦《汉纪·武帝纪三》:"乌弋国去长安万五千三百里,出狮子、犀牛。"《明史·西域传·哈烈》:"狮生于阿术河芦林中,初生目闭,七日始开。"

[5] 吐火罗语,即焉耆－龟兹语。古代流行于今新疆吐鲁番－焉耆和库车一带的一种语言,属印欧语系。分焉耆、龟兹两种方言,差别较大,分别称甲种吐火罗语、乙种吐火罗语。文字为婆罗米斜体字母。20世纪以来的研究认为,属于7－8世纪的语言。8世纪前,中亚有名为吐火罗的古国,欧洲语作 Tokharestan,《魏书》作吐呼罗,《新唐书》或曰吐豁罗,地处兴都库什山与阿姆河上游之间。初发现时,误认为吐火罗语是吐火罗古国通行的语言。

[6] 东胡,今通译通古斯。

[7] 师比,《战国策·赵策》:"[赵武灵王]遂赐周绍胡服衣冠,具带黄金师比,以傅王子也。"《史记·齐太公世家》"[管仲]射中小白带钩"。

[8] 珣玗琪,玉石名。《尔雅·释地》:"东方之美者,有医无闾(山名)之珣玗琪焉。"郭璞注:"珣玗琪,玉属。"《说文》:"医巫闾珣玗琪,《周书》所谓夷玉也。"《尚书·顾命》"大玉,夷玉",孔颖达疏引郑玄曰:"夷玉,东北之珣玗琪也。"明刘基《歌行·二鬼》:"手摘桂树子,撒入大海中,散于蚌蛤为珠玑,或落岩谷间,化作珣玗琪。"

[9] 《吴禅国山碑》,三国吴末帝孙皓天册元年(275),因获瑞物,改年号为天玺,而刊石于今浙江山阴,碑之书风淳古。

[10] 杨志玖(1915—2002),山东长山人,南开大学历史系教授,论证马可·波罗与中国的关系之论,为学界称道。著作汇为《杨志玖文集》。

[11] 濮达,《后汉书·西域传·大月氏》,"(贵霜)又灭濮达、罽宾,悉有其国"。在法国学者沙畹所说今阿富汗的 Bactria(巴克特里

亚)之外,加拿大汉学家蒲立本(E. C. Pulleyblank)认为是今巴基斯坦拉瓦尔品第和白沙瓦之间的贾尔瑟达(Charsadda)。

[12] Bactria,古代汉文译名"大夏",地当今阿富汗北部及中亚阿姆河一带。冯承钧原编,陆峻岭增订《西域地名》(中华书局,1980)又 Bahlika:"《景教碑》作 Balh,今阿富汗北境马扎里沙里夫(Majar-i-sherif)以西之巴尔赫(Balkh)是已,《北史》为大月氏西徙之国部都罗,《续高僧传·达摩笈多传》作薄佉罗,《正法念处经》作婆佉罗,《西域记》作缚喝……《求法高僧传·玄照传》作缚渴罗。《西游录》作班城……《明史·坤城传》作把力黑。又《魏书·嚈达传》之拔底延,《吐呼罗传》之薄提城,《往五天竺传》之缚底耶,《新唐书·谢䫻传》之缚底野,《地理志》月支都督府大夏州之缚叱城,叱殆吒之讹,皆为 Bactria 之对音,亦即今之 Balkh 也。"

[13] 葡萄,1956 年 11 月 15 日,波兰汉学家赫迈莱夫斯基(Janusz Chmielewski)在北京大学中文系举办的学术报告会上作了题为《以"葡萄"一词为例论古代汉语的借词问题》的讲演,译文发表于《北京大学学报》1957 年第 1 期。他广泛列举了材料,但没有提及罗常培先生的书(估计是没有看到),结论与罗先生相同。前文述及大夏国都城 Bactria。该地,《景教碑》对文作 Balh,《北史》之"薄罗",《大唐西域记》之"缚喝",耶律楚材《西游录》之"班城",《元史》之"班勒纥""巴里黑",《明史》之"把力黑"等,当皆指其地。《西游录》称,这一带"多蒲桃(葡萄)梨果",葡萄所酿之酒,"味如中山九酿"。旧中山国产美酒,今河北定州发现其酿造场所。

[14] 罗愿(1136—1184),今安徽歙县人,官至鄂州知事,有政绩。隋唐曾于歙州置新安郡,后以"新安"为歙州的别称。罗愿所撰《新安志》十卷,体例完备,舍取并合随主旨而定,为后世所重

视。另撰有《尔雅翼》等。

[15] 吉拉基语,属印欧语系伊朗语族,居民分布在里海东南岸及附近山区,使用人口约两百万。

[16] 姚宽,浙江嵊州人,宋绍兴中,官至翰林院编修。所撰《西溪丛语》,二卷,笔记类著作,评论诗文,考证典籍。

[17] 《仙药录》,全名《金匮仙药录》,三卷,唐代京里先生撰。

[18] 段安节,晚唐音乐家,《酉阳杂俎》撰著者段成式之子。

[19] 《乐府杂录》,又名《琵琶录》《琵琶故事》,一卷,音乐史料论著。分四十五题,论汉族音乐,兼及其他民族的音乐。

[20] 沈亚之,字下贤,吴兴(浙江湖州)人,唐元和(806—820)进士。

[21] 杜还,晚唐长安人,旅行家。据所著《经行记》载,到过中亚诸国和南亚,有研究认为还到过非洲。

[22] 赭支,《西域地名》:"Tashkend 昔名 Chaj,《魏书》为者舌,《隋书》为石国都柘折城(Binkath),《西域记》为赭时,《经行记》谓其国一名赭支,一名大宛,《新唐书》曰柘支,曰柘折,谓为故康居小王窳匿城,《元史·西北地附录》作察赤,《明史》作达失干,清时名塔什罕。今中亚之塔什干。古石国都城,当在今锡尔河支流 Chirchik 河不远之 Binkath。"

[23] 《负暄杂录》,一卷,宋顾文荐撰。记北宋末宣和、政和年间官窑事比较详细。"负暄",语出《列子·杨朱》:"负日之暄,人莫知者,以献吾君,将有重赏。"意思是冬天晒太阳。后用作向帝王献忠心。

[24] 《尔雅翼》,三十二卷,宋罗愿(1136—1184)撰,援引多种资料解释《尔雅》的草木鸟兽虫鱼诸名称,为《尔雅》一书之辅翼。

[25] 《开宝本草》,全称《开宝新详重定本草》,宋开宝六年(973),刘翰、马志等在唐显庆(656—660)年间苏敬等《新修本草》基础上修订。

[26] 《嘉祐补注本草》,掌禹锡、林亿、苏颂等奉命为《开宝本草》作注。

[27] 《图经本草》,嘉祐(1056—1063)年间编成,录"本草"图933种,与《嘉祐补注本草》同时流行。

[28] 《珍玩考》,全名《华夷草木鸟兽珍玩考》,十二卷,明万历年间慎懋官辑自众书。

[29] 《辍耕录》,全名《南村辍耕录》,陶宗仪(1316—1403)撰于元朝末年,记元代时事、掌故、典章、制度、历史、文学等585条,共三十卷。

[30] 《清秘藏》,二卷,明代书画家张应文(1524—1585)编,古代工艺美术鉴赏著作,上卷分法书、印章、石刻、名画、珠宝等20门,下卷分鉴赏家、书画印识、临摹名家、造墨名手等10门。

[31] 李玄伯(1895—1974),名宗侗,河北高阳人,生于北京,留学巴黎大学,归国后任教北京大学,1948年受聘为台湾大学历史系教授。抗日战争期间,护送故宫文物到南京、上海,转运重庆;在上海家中藏中央图书馆拟外运图书,抗日胜利后交还政府。

[32] 《中国古代社会新研》,上海开明书店于1948年出版。该书重民俗及图腾的研究。

[33] 《圣武亲征录》,作者佚名,撰于元世祖至元(1264—1293)初年。记元太祖成吉思汗和元太宗窝阔台的重要史迹。

[34] 《蒙古源流》,原名《额尔德尼·因托卜赤》,萨囊彻辰撰,成书于康熙元年(1662),乾隆三十一年(1766)钦改现名。编年体著作,上溯蒙古部落的崛起和成吉思汗王统的起源,并联系印度、西藏王统,下述元、明及清初蒙古历史文化和佛教的传播。有满文本和汉文本。与《蒙古秘史》《蒙古黄金史》合称蒙古历史的三大著作。

[35] 王渔洋,名士禛(1634—1711),今山东桓台人,号渔洋山人。官

至刑部尚书。清初文坛领袖,擅长鉴别书画鼎彝,并精金石篆刻。著有《居易录》《池北偶谈》《带经堂集》等。

[36] 《香祖笔记》,十二卷,记康熙四十一年至四十三年(1702—1704)事,阐发名物源流,直言时事,或旁及怪异,体现了广采博闻,严谨不苟的治学态度。香祖,兰花的别名。

[37] 厦门语贷词,再举一例,1949年,当时的北平青年学生中流行一首南洋华侨的歌曲《哈罗,邦顿城》。"邦顿",印度尼西亚语为Bandung,是华人依厦门话命名的地名,当地华人写"万隆"。印尼语和马来语实属同一种语言。

[38] Settsu省,日本古代的令制国之一,属京畿区域,日本汉字作"摄津国",又称"摄洲",包含今大阪府等地。

[39] "秦"的对音,《大唐西域记》卷五记有羯若鞠阇国戒日王和玄奘的谈话。王曰:"尝闻摩诃至那国有秦王天子……大唐国者,岂此是耶?"对曰:"然。至那者,前王之国号,大唐者,我君之国称。昔未袭位,谓之秦王,秦王今已承统,称曰天子。……""至那"即China(秦)的对音。

[40] 麒麟,20世纪60年代晚期,在美国从事研修的日本语言学家桥本万太郎等创办名为UNICORN的杂志,又名CHI-LIN,刊登研究中国语言的文章,杂志名称含"中国语言学"之意。当时在美国几乎没有可能正式以CHINESE LINGUISTICS(中国语言学)之名出版杂志。

[41] 《博物志》,十卷,张华(232—300)撰,分类记载异境奇物及古代琐闻杂事,最早记载我国西北地区蕴藏石油和天然气。

[42] 万丹(Bantan),拉丁字母写法现作Bantam,为爪哇苏丹旧地,16—18世纪为与欧洲重要的贸易港口。今为废墟。

[43] 菝葜根,李时珍《本草纲目》:"菝葜,山野中甚多。其茎似蔓而坚强,植生有刺。其叶团大,状如马蹄,光泽似柿叶,不类冬青。

秋开黄花,结红子。其根甚硬,有硬须如刺。"宋张耒《食蓤荚苗》诗:"江乡有奇蔬,本草记蓤荚。驱风利顽痹,解疫补体节。"

[44] "有些人……洋泾浜英文",1950年版作"再以讹传讹就变成'鸽子'(pigeon)了！'鸽子英文'"。

[45] 郭家声(1869—1946),字琴石,今天津市武清区人,教育家,1903年进士。创办县志小学,招收贫寒子弟,曾任教北京辅仁大学。

第五章　从地名看民族迁徙的踪迹

"地名的研究实在是语言学家最引人入胜的事业之一，因为他们时常供给重要的证据，可以补充和证实历史家和考古家的话。"①

在英国的西部有好些地名都含有克勒特(Celtic)语[1]的成分，比如 Pendle Hill，Penhill，Penkridge，Pentrich 含有威尔斯(Welsh)语的 pen＝"头"，这些地名大部分发见在 Dorsetshire，Wiltshire，Worcestershire，Staffordshire，Derbyshire 和 Lancashire 几州。这种分布指示："至少在英国西部曾经有很多说克勒特语的人口遗迹。那么，让我们且举一个可以注意的例。在 Dorsetshire 的东北角 Cranborne Chase 森林中间，毗连叫做格林姆古壕(Grirm's Ditch)的一边，有一堆克勒特语的地名。这个全区域被许多不列颠村落的遗址所围绕着。"这个结论是 Zachrisson 在他最近的研究《古不列颠的罗马人、克勒特人和撒克逊人》(*Romans, Celts and Saxons in Ancient Britain*)中所得到的。②

还有 Avon 也是一个克勒特字，意思是"河"。"它在

---

① L. R. Palmer, *Modern Linguistics*, p. 168.
② 前引书, p. 169。

Manx 语[2]写作 Aon，Gaelic 语[3]写作 Abhainn（读作 avain）。我们也可以找到古代的读法 amhaim，auwon。这个字变成英格兰、苏格兰、法国和意大利许多河的专名。Stratford Avon 流经 Warwickshire 和 Worcestershire。Bristol Avon 把 Gloucester 和 Somerset 两州分开。在 Gloucestershire 还有一条小 Avon 流近 Berkeley 炮台。有一条 Hampshire Avon 流过 Salisbury 到 Christchurch。另外一条在 Lyminton 入海。在 Devon，Mon-mouth，Glamorgan，Lanark，Stirling，Banff，Kincardine，Dumfries 和 Rose 诸州，我们也有好几条河叫做 Avon 和 Evan。"① 总括起来说，这一条克勒特的地名带从波希米亚（Bohemia）伸展，经过欧洲直到英伦，像 Vienna，Paris，London 都在它的范围里头。②

斯堪狄那维亚人（Scandinavian）在英国的殖民也可以由地名的研究解明。就像 Ingleby 这一个字（英文的 village"村落"或 farm"田庄"），便能显现斯堪狄纳维亚侵略者在 Yorkshire 的加紧殖民。因为照毛尔（Mawer）所指出的，"除非在这些区域的人口里斯堪狄纳维亚人曾经占过优势，偶然有最古居民的残存，这个字应该是没有意义的。"③

被征服民族的文化借字残余在征服者的语言里的，大部分是地名。在美国的印第安人（Indian）文化遗迹已经日渐消失了，可是有许多地名却都是从印第安语借来的，现成的例

---

① Isac Taylor, *Words and Places*, p. 153.
② Leonard Bloomfield, *Language*, p. 464.
③ L. R. Palmer, *Modern Linguistics*, p. 170.

子就有 Massachusetts, Wisconsin, Michigan, Illinois, Chicago, Milwaukee, Oshkosh, Sheboygan, Waukegan, Muskegon 等等。①

从中国的地理沿革上，也可以找到许多地名显示出古代民族交通的踪迹。例如，《汉书·地理志》张掖郡治下有骊靬县，故址在今甘肃永昌县南。钱坫《新斠注地理志》卷十二"骊靬县"条云："《说文解字》作骊靬，《张骞传》作犛靬，《西域传》作犁靬，本以骊靬降人置县。"《史记·大宛传》的黎轩，《后汉书·西域传》的犁鞬，也就是这个地方。关于骊靬这个地名的解释，夏德(F. Hirth)说是 Rekem②，白鸟库吉说是(A)lek(s)an(dria)的缩译③，此外还有很多不同的解释。④ 桑原骘藏说："骊靬名称的解释，虽然还没有定说，可是它是当时罗马帝国或其一部分的地名，现在的学术界已经没有异议了。"⑤[4]《汉书·地理志》又有龟兹县，颜师古注："龟兹国人来降附者，处之于此(县)，故以名云。"《新斠注地理志》卷十三谓即陕西米脂县。按古龟兹(Kuči)在现在新疆库车县(Kuča)，汉代的龟兹县既然在现在陕西的米脂境，可见当时已经有一部分龟兹人移居陕西了。⑥[5] 又《汉书·西域传》下

---

① L. Bloomfield, *Language*, p. 464, 参看 Aifred Louis, *California Place Names of Indian Origin*(1916 Berkeley, University of California Press)。
② Hirth, *China and the Roman Orient*, p. 171.
③ 明治三十七年四月号《史学杂志》所载《大秦国及指菻国考》，页 25—26；又王古鲁译，《塞外史地论文译丛》第 1 辑，页 16—18。
④ 参看 Hirth, *China and the Roman*, p. 170.
⑤⑥ 桑原骘藏《关于隋唐时代来往中国之西域人》，载内藤博士《还历祝贺支那学论丛》，此文经何健民译称《隋唐时代西域人华化考》，中华书局出版。

"温宿国"条,颜师古注:"今雍州(陕西)醴泉县北,有山名温宿岭者,本因汉时得温宿国人令居此地田牧,因以为名。"按古温宿国在今新疆阿克苏县,那么,汉时温宿岭的得名,也由移民而起。①

西晋末年,五胡乱华,中原沦陷。元帝南渡,重在建康立国。中原人民不堪异族蹂躏的,相率往江南迁徙。他们起初还抱着侨居的思想,打算重返故乡。终于因为二百多年中原不能收复,久而久之,也不再有北归的念头,他们的后裔就死心塌地地做了南方人了。这次民族迁徙是中华民族发展史上一大关键。不过因为它是民间自动的事情,和朝廷法令没有关系,所以正史纪传很少详细的记载。后代研究历史的人虽然明明知道这件事情,可是对于当时迁徙的情况却不大了然。假如咱们打算在现存的史料里明了这次民族迁徙的情况,唯一的办法就是从当时侨置的州郡县去找线索。

当时对于南渡的老百姓,有根据他们的旧籍贯侨置州郡县的制度。(例如,兰陵郡和东莞郡[6],晋初本来都在现在的山东境内,后来因为这两郡的住民迁徙到现在的江苏武进县境内,于是就在该地侨置南兰陵郡和南东莞郡。这就叫做"侨郡"。州县仿此,下文可据此类推。)原来的用意是在使这批流亡的人们怀念故土,不忘北归,咱们却可根据这些侨置的地名去了解这次民族迁徙的情况。这种侨置州郡县在沈约《宋书·州郡志》、萧子显《南齐书·州郡志》和唐人所修的《晋书·地理志》里,都有详细的记载。咱们只要把这些记载

---

① 桑原骘藏《关于隋唐时代来往中国之西域人》。

整齐排比起来,考证他们侨寄的所在地和年代等等,当时迁徙的痕迹就不难明了大半了。谭其骧[7]的《晋永嘉丧乱后的民族迁徙》①一文就是这样作成的。他照现在的行政区域把江苏、安徽、湖北、江西、湖南、四川、河南、陕西、山东九省里在当时的侨州郡县,根据《宋书·州郡志》把他们的"本地""侨地"列成详表,并且把东晋、宋初和南齐制度的参差处也列在备考里边。照他考证的结果:

江苏省所接受之移民,较之其他各省特多,以帝都所在故也。见诸《宋志》者,计有侨郡二十三,侨县七十五。其中来自北方诸省者以山东占极大多数十五侨郡三十九侨县,河北次之一侨郡五侨县,河南、山西、陕西又次之河南一郡二县,山西三县,陕西一郡一县,独甘肃无。而本省及安徽省境内淮南北之人,又多有侨在江南北者本省三郡二十一县,安徽三郡三县。至侨民麇集之地,则江南以今之江宁、镇江、武进一带为最,江北以今之江都、淮阴诸县地为最。

安徽省境内侨民之来自北方诸省以河南占极大多数八侨郡五十四侨县,河北次之一侨郡六侨县,山东、山西又次之各三侨县,陕、甘二省无。而本省及江苏省境内淮南北之人,亦多侨在大江南北本省四郡十三县,江苏一郡六县。江北所接受之移民较江南为多,此与江苏省境内之情形相反。侨在江南者都聚于下游芜湖附近一隅,江北则散处江、淮间,自滁、和以至于颍、亳[8]所在皆侨置郡县。……今江南有当涂、繁昌二县,其名

---

① 《燕京学报》第 15 期(1934),页 51—76。

皆得于东晋世所立之侨县。按当涂,西晋故属淮南郡,今怀远县地;繁昌故属襄城郡,今河南临颍县地。睹名思义,犹可想见当时河南、淮南人之走在江南也。

湖北一省可划分为三区而论:一、江域上游,江陵、松滋一带,其侨民多来自山西、陕西、河南,又有苏、皖之淮域人。二、江域下游,武昌、黄梅一带,其侨民多来自河南,亦有安徽之淮北人。三、汉水流域,上自郧西、竹溪,下至宜城、钟祥,而以襄阳为之中心;是区所接受之移民倍于本省其他二区,而以来自陕西者为最多,河南、甘肃次之,河北、山西、安徽、四川又次之……今省境内有松滋县,亦得名于东晋之侨县。按松滋,西晋故属安丰郡[9],今安徽霍丘县地。

江西、湖南二省处皖、鄂之南,距中原已远,故流民之来处者较少,且其地域仅限于北边一小部分。

四川省境内共有十余侨郡,数十侨县,然其情形至为简单:侨民除绝少数系河南人外,皆来自陕西、甘肃及本省之北部;侨地除彭山一地外,皆侨在成都东北,川、陕通途一带。彭山亦接近成都。

河南省之大部分属黄河流域,南境旧南阳府及光州[10]、信阳一带则属淮、汉流域。此淮、汉流域刘宋及萧齐皆据有之,故亦侨置郡县以处北土流民。其中大部分都来自本省北部,而宛、邓、丹、沘之间[11],亦有来自陕西、甘肃及河北南部者。

陕西自终南山以南属汉水流域,曰汉中,东晋及宋齐皆据有之。其侨民几皆来自甘肃、四川及本省之北部。

山东省全境皆属北部中国,然亦有侨州郡县者,以刘宋尝据有省境今黄河以东南之一大部分也。试分省境为三区，则东端登莱半岛[12]于输出输入两无关系，河以西北为输出区，中间一段为输入区。外省侨民大都来自河北，亦有河南之河以北及山西人。

这篇文章可以算是"从地名看民族迁徙的踪迹"的一个有系统的具体的实例。本章限于篇幅不能转载各表，也不能逐一罗列各地名；读者愿意作进一步研究的可以参看原文。

关于中原人民南迁的途径，谭君以为："如汉水为陕、甘人东南下之通途，故南郑、襄阳为汉域二大都会，同时亦为陕、甘移民之二大集合地。金牛道即南栈道[13]为陕、甘人西南下之通途，故四川省境内之侨郡县，皆在此道附近。时邗沟[14]已凿，穿通江、淮，故沟南端之江都及其对岸之镇江、武进，遂为山东及苏北移民之集合地。淮域诸支流皆东南向，故河南人大都东南迁安徽，不由正南移湖北也。"

南迁的时代，约略可分做四期：

（一）"大抵永嘉[307—313A.D.]初乱，河北、山东、山西、河南及苏、皖之淮北流民，即相率过江、淮，是为第一次。元帝太兴三年（320 A.D.），以琅玡国[15]人过江者侨立怀德县于建康，盖为以侨户立郡县之第一声。其后并侨置徐、兖、幽、冀、青、并、司诸州郡于江南北；明帝继之，又置徐、兖诸侨郡县于江南。

"《宋志序》，'自夷狄乱华，司、冀、雍、凉、青、并、兖、豫、幽、平诸州一时沦没，遗民南渡，并侨置牧司。'

"《南徐州序》，'晋永嘉大乱，幽、冀、青、并、兖州及徐州

之淮北流民相率过淮,亦有过江在晋陵郡界者。徐、兖二州或治江北。江北又侨立幽、冀、青、并四州。'

"《晋志·司州后序》,'元帝[317—322A.D.]渡江,亦侨置司州于徐。'

"《晋志·徐州后序》,'明帝[322—324A.D.]又立南沛、南清河、南下邳、南东莞、南平昌、南济阴、南濮阳、南太平、南泰山、南济阳、南鲁等郡以属徐、兖二州。'"

(二)"成帝[325—342A.D.]初以内乱引起外患,江、淮间大乱,于是淮南人及北方人向之侨在淮南者,更南走渡江,是为第二次。

"《宋志》扬州淮南郡,'中原乱,胡寇屡南侵,淮南民多南渡。成帝初苏峻、祖约为乱于江、淮,胡寇又大至,民南渡江者转多,乃于江南侨立淮南郡及诸县。'

"南徐州,'晋成帝咸和四年(329 A.D.)司空郗鉴又徙流民之在淮南者于晋陵郡界。'

"南豫州,'成帝咸和四年(329 A.D.),侨立豫州,治芜湖。'"

(三)"自康、穆[343—361A.D.]以后,'胡亡氐乱',中原兵燹连年,而以关右所遭之蹂躏为最甚,于是陕西、甘肃之人,多南出汉水流域;时桓温已灭蜀,故亦有南走四川境者,是为第三次。

"《宋志》雍州,'胡亡氐乱,雍、秦流民多南出樊、沔。晋孝武[373—396A.D.]始于襄阳侨立雍州,并立侨郡县。'

"秦州,'晋孝武复立,寄治襄阳。安帝世在汉中、南郑。'西京兆郡、西扶风郡,'晋末三辅流民出汉中侨立。'

"益州安国郡,'晋哀帝[362—363A.D.]时流民入蜀侨立.'怀宁郡、晋熙郡,并秦、雍、关、陇流民,晋安帝立。"

（四）"宋武帝[420—422A.D.]北平关、洛,复有青、冀、司、兖之地。自宋武帝没,南北交相侵略,而宋人屡败。少帝[423A.D.]世既然已失司州,文帝[424—453A.D.]世魏人又大举南侵,以至于瓜步六合县东南。至明帝[465—472A.D.]世而淮北四州及豫州、淮西并没北庭,于是其民多南渡淮水;又文帝世氐虏数相攻击,关、陇流民亦多避难走在梁、益,是为第四次。

"《宋志》司州,'少帝景平初（423 A.D.）,司州复没北虏,文帝元嘉末（453 A.D.）侨立于汝南。'

"南兖州北淮郡、北济阴郡、东莞郡,并宋末失淮北侨立。

"兖州,'宋末失淮北,侨立兖州,寄治淮阴。'又侨立东平郡于淮阴,侨立济南郡于淮阳。泰始五年（469 A.D.）侨立高平郡于淮南当涂县界。

"徐州,'明帝世淮北没寇,侨立徐州,治钟离[16]。'

"青州,'明帝世失淮北,于郁洲[17]侨立青州。'

"雍州冯翊郡,秦州冯翊郡,三辅流民出襄阳、汉中,元嘉中侨立。

"益州南新巴郡、南晋寿郡,元嘉中以侨流于剑南立。

"《齐志》梁州,'宋元嘉中……氐虏数相攻击,关、陇流民多避难归化。'"

由上文所罗列的材料,咱们对于当时各地方接受移民的数量、人民迁徙的途径和迁徙的时代,都可以得到一些颇为清晰的印象,可以补充正史纪传所缺略的地方。所以我认为谭君这篇文章是结合历史地理学和语言学的一个范例。

关于少数民族古今分布的差异也可以从地名透出曙光来，我们现在且举壮族作例。据芮逸夫[18]的《西南少数民族虫兽偏旁命名考略》①，壮人的现代分布区域为：

广西——上思，蒙山，榴江*[19]，凤山，龙胜，永福，钟山，田西*，修仁*，贵县*，三江，罗城，宜北*，南丹，河池，果德*，横县，凌云，东兰，田东，万冈*，天保*，向都*，同正*，平治*，敬德*。

广东——茂名，化县*，信宜，电白，灵山*。

贵州——荔波。

但是李荣在他的《民族与语言》第三节《从壮语地名考证壮人古代地理分布》②里，根据徐松石的《粤江流域人民史》③引用了含有"那""都""古""六"的壮语地名若干。其中含"那"字的有：

番禺*的都那，新会的那伏，中山的那州，台山的那伏墟，清远的那落村，高要的那落墟，新兴的那康，阳春的那乌，恩平的那吉墟，开平的那波塱，阳江的那岳，电白的那花，化县的那楼，吴川的那罗，石城*的那良，合浦的那浪，灵山的那炼，海康*的那仙，徐闻的那加，琼山的那环，澄迈的那夹塘，临高的那盆岭，儋县的那赛，万县*的那密，云浮的那康，钦县的那宽，柳江的那六，雒容*的那马，罗城的那然，来宾的那研，河池的那龙，思恩*的那伏，东兰的那雅，武鸣的那白，宾阳的那甘，百色的那崇，田东的那律，田阳的那岸，凌云的那

---

① 载中央研究院历史语言研究所《人类学集刊》第2卷第1、2期。
② 国立西南联合大学中国文学系"语言学名著选读"的读书报告，稿本。
③ 中华书局出版。

弄,西林的那闷,昭平的那更,蒙山的那㜑,藤县的那东,玉[鬱]林的那博,陆川的那鼓潭,平南的那历,贵县的那蓬,武宣的那怀,邕宁的那登,绥渌*的那思,隆安的那贫,横县的那郎,永淳*的那旺,龙津*的那晓,崇善*的那敏,养利*的那呫,左县*的那榜,镇结*的那庄,宁明的那堪,明江*的那前,上思的那霞,天保的那吞,镇边*的那罗。

含"都"字的有:

番禺的都那,顺德的都宁、都粘堡,新会的都会,台山的都堰水,高要的都万凹,新兴的都斛,高明*的都权,恩平的都田铺,德庆的都旧,封川*的都朗,开建*的都续,信宜的都龙甲,万县的都封水,罗定的都门,云浮的都骑墟,郁南的都城墟,始兴的都安水,阳朔的都历塘,义宁*的都劳,龙胜的都乃塘,柳江的都乐,雒容的都勒,罗城的都宿,蒙山的都敢,怀远的都天,融县*的都早堡,象县*的都乐塘,宜山的都隆墟,天河*的都感隘,思恩的都黎塘,藤县的都榜江,容县的都结,怀集的都布,兴业的都北,平南的都榜,贵县的都陆,崇善的都同,左县的都隘,镇结的都结。

这个"都"有时也写作"多"字,所以贵州贵定县北有都卢坪,《唐书》称作多乐。① 在两广境内用"多"字作地名的有:

天保的多安墟、多浪墟,灵山的多罗山,文昌的多寻图,会同的多异岭,会乐*的多圹村,万县的多辉乡,陵水的多昧弓。

含"古"字的有:

---

① 徐松石《粤江流域人民史》原注。

南海*的古灶,番禺的古楼场,顺德的古楼,新会的古兜山,中山的古镇,三水*的古塘,台山的古岭觜,清远的古赖,佛冈的古场坪,曲江的古阳,仁化的古夏村,归善*的古灶乡,博罗的古坭塘,河源的古云约,和平的古镇山,海阳*的古楼,揭阳的古沟村,惠来的古产,大埔的古源甲,高要的古坝水,新兴的古伦村,阳春的古宠,广宁的古丽,开平的古博岭,鹤山的古劳墟,德庆的古蓬,封川的古令,开建的古逢,信宜的古丁墟,吴川的古流坡,合浦的古立,灵山的古先,罗定的古榄墟,云浮的古雾泛,郁南的古免甲,南雄的古禄铺,兴宁的古楼坪,钦县的古犁村,防城的古森峒,饶平的古楼山,桂林的古竹,阳朔的古定,永福的古桥,义宁的古落,全县的古留峒,龙胜的古漫,柳江的古练,雒容的古丁,罗城的古善峒,柳城的古丹,怀远的古兆,来宾的古炼,融县的古陇,象县的古陈,宜山的古索,天河的古满,河池的古勇,思恩的古赖,武鸣的古黎,宾阳的古辣墟,迁江*的古律山,上林的古立,西隆*的古遂,平乐的古文,贺县的古仑,荔浦的古奔,修仁的古沙,昭平的古赞,苍梧的古榄,藤县的古利,容县的古全,岑溪的古味,桂平的古楞,平南的古算,贵县的古蒙,武宣的古雷,邕宁的古桐,横县的古钵山,永淳的古辣墟,崇善的古亮,养利的古敏,镇结的古陇墟,上思的古柳。

含"六"字的有:

台山的六合,封川的六田,阳江的六平山,茂名的六双,信宜的六岸(徐松石原注,信宜的六豪乃是瑶袭壮名),化县的六磊坡,合浦的六朴,灵山的六兰,钦县的六富,防城的六马,柳江的六丁,雒容的六座,柳仁*的六料,怀远的六合,来宾的六昧,融县的六斗,象县的六外,宜山的六波,河池的六桑,思恩的下六(原注,下六乃瑶袭壮名),东兰的六长,那地*的六烘,武鸣的六楚,来宾的六合,迁江的六车,上林的六便,百色的六那,田东的六连,西林的六洛,富川的六丈,荔浦的六折,修仁的六断,藤县的六陋,容县的六槐,岑溪的六凡隘,怀集的六雪岭,郁林的六旺,博白的六务,北流的六靖墟,陆川的六选,平南的六陈,贵县的六闭,武宣的六傍,邕宁的六学(原注,《府志》作渌学),横县的六乌,永淳的六律,镇结的六马,上思的六割,武鸣的六驮,宾阳的六困。

"六"字也写作"禄",如:

南海的禄境,台山的禄马,高要的禄步墟,四会的禄村,高明的禄塘村,鹤山的禄峒,云浮的禄源村,柳城的保禄,罗城的禄桥,天河的福禄,凌云的禄平,苍培*的思禄塘,武宣的禄宽。

或作"渌",如:

封川的渌山,灵山的渌水村,钦县的渌服,东兰的渌袍,上林的渌浪,那马*的渌布,百色的渌晚,田东的渌谢,田阳的渌丰墟,西林的渌丹塘,修仁的渌定,邕宁的渌蒙,绥渌的渌楼,永淳的渌悟。

或作"绿":

德庆的绿滚,电白的绿岭,荔浦的绿居,藤县的绿眼,容县的绿荫,博白的绿莪,北流的绿地坡。

或作"菉":

茂名的那菉泛,防城的大菉墟。

或作"陆":

河池的陆荫。

其实"六""禄""渌""绿""菉""陆"等都是壮语lu:k↓的对音,原意是"谷"或"山地"。① "那"字是壮语 na↓的对音,原意是"田"或"水田"。② "都"字或"多"字或许是 tu┤的对音,"古"字或许是 ku⌐的对音,都是壮语的一种地名冠词。

总之,拿以上所引两广境内含有"那""都""古""六"四个字的地名的分布状况和芮逸夫所述现代壮人的地理分布来比较,我们可以说,壮族以前在两广领域的居地比现在大得多。现在他们的居地虽然缩小了,可是因为地名的遗留,还显现着壮族的历史上的往迹。

靠近边疆的地名翻译成汉字时,因为当时的翻译人不晓得原来的语义,往往闹出叠床架屋的笑话。在云南省境内就有对比的两个例子。靠近缅甸北部的滇缅边界上有两条河,照中国的译名,一条叫恩迈开江,另一条叫迈立开江[20]。如果推溯他们的语源,第一条河在山头语(Kachin)[21]叫 nma┤k'a↓,意思是"不好的江",就是说不便航行;第二条河山头语叫 māli⌐k'a↓,意思是"多树林的江"。"开"是 k'a↓的对音,原有江河的意义,译名把"开、江"并列,直译起来便成了"恩迈江江""迈立江江"了!在云南西部南境花腰摆夷[22]区内,有一条河叫做"南矣河",南渡河是花腰摆夷语

---

① 李方桂《龙州土语》lu:k↓谷,valley, ravine;又徐松石前引书原注:"这六字,渌字,禄字等乃是山地的意义。"

② 李方桂《龙州土语》na↓田;水田,field; rice-field。徐松石原注:"那就是田,那怀就是牛田,那晓就是茅田。"李荣引申报馆《中国分省地图》载广西省田阳县又名那坡,因谓:"可见那就是田,是绝无问题的。"

nam↓ tu┤的译名。"南"字是台语[23] nam 的对音,原有"河"或"水"的意义,译名把"南"和"河"并用,直译起来就成了"河定河"了!从这两个例子,我们不单可以推断当初山头族和摆夷族的分布不同,并且可以看出这两种语言的"词序"(word order)也不同。因为山头话把"开"(k'a)放在状词的后面,摆夷话把"南"(nam)放在状词的前面,很显然地表现两种不同的词序。①

最后我想举两个在抗战时很著名的缅甸地名。当滇缅路畅通时,密支那[myit┤kyi┤na┤][24]和仰光(Rangoon, or yan┤kung┤)两个地名无论在军事上或商业上都曾经流行一时的,可是追究起他们的语源来却很少人晓得。密支那[myit┤kyi┤na┤]缅语意为"大河边","密支"是"大河"的译音,"那"是"旁边"。从地形上看,这个城恰好位置在伊洛瓦底江(Irrawaddy)上游的边上,它命名的来源是很清楚的。"支那"两个字和 China 的对音完全无涉。仰光[yan┤kung┤]缅语是"没有敌人"的意思。在这个地名背后还蕴蓄着一段缅甸史实。在缅甸王 Alaung Paya 以前,这个地方原来叫做 Da gon,译言"塔尖",原为一孟族(Mon)[25]地名。当缅王雍籍牙(Aungzeya)即 Alaung Paya 王朝时期,有孟人(Mon,也称 Talaing)来侵,已经打到了缅京 Shwe Bo(译言"金王")。Alaung Paya 带兵抵抗,把敌人驱逐回去。到 Da gon 敌人溃

---

① 都根据我自己所调查的西南边语记录。向达说:"《蛮书》中亦有一例:卷二谓'诺水源出吐蕃……谓之诺矣江。'藏语黑曰诺,水曰矣,又么些语亦同,即黑水也。"

散,已无踪影,所以就把这个地方改名仰光,以纪念"没有敌人"的光荣史实。当上次太平洋战役时仰光也曾一度为日寇所占据,结果终于把日寇驱逐得无影无踪。那么仰光命名的原意不啻给我们的抗战史预示谶语了。①[26][27]

注释

[1] 克勒特语,指凯尔特语支,包括爱尔兰语、苏格兰盖尔语。古代凯尔特语流行于欧洲和今土耳其,现代凯尔特语仅通行于爱尔兰、苏格兰、威尔士和法国的西北部。

[2] Manx语,现在多作马恩语或曼克斯语,居民分布在爱尔兰海上马恩岛,与外界联系比较少,保留原始特点较多。属克尔特语族盖尔语支。

[3] Gaelic语,今译作盖尔语,居民分布于苏格兰西北部,属克尔特语族。

[4] 骊靬,冯承钧原编、陆峻岭增订《西域地名》(中华书局,1980)Alexandria条谓,中国史籍所著录者有二,一为《汉书》之乌弋山离国,《魏书》之乌弋国,今阿富汗之赫拉特(Herat)。一为《汉书》《魏略》之犁靬,《后汉书》《晋书》之犁鞬,《史记》《魏书》《北史》之黎轩,此名或泛指希腊人抑罗马人殖民诸地。

[5] 龟兹,汉代龟兹县,据历史地理学家谭其骧考证,在今陕西省榆林市北长城外。

[6] 兰陵,西晋设置,治所在今山东省枣庄市东南。东晋在今江苏常州境侨置,南宋改名为南兰陵。东莞,这里说的是东汉末年分琅邪郡、齐郡地所置的东莞郡,东晋时侨置于江南,该侨置郡南朝齐

---

① 都根据我自己所调查的西南边语记录。

废置。唐朝改位于今深圳西的宝安县为东莞县,宋朝移于今深圳市北,即今广东省东莞市。

[7] 谭其骧(1911—1992),浙江嘉兴人,中国历史地理学家,1934年与顾颉刚创办历史地理刊物《禹贡》。先后任教于北京大学、燕京大学、辅仁大学、浙江大学,1950年担任复旦大学历史系教授,主编《中国历史地图集》,详赡精准。主持编写《中国历史大辞典》。有论文集《长水集》等。

[8] 滁,滁州,隋代改南谯州置,治所在今安徽滁州市。和,和州,治所在今安徽和县。颖,颖州,治所在今安徽阜阳市。亳,亳州,治所在今安徽亳州市。以上概指今安徽省长江以北地区。

[9] 安丰,古县名,位于今河南东南部与安徽交界处。西汉时,治所在今河南省固始县与今安徽省霍邱县之间,南朝梁时治所东移至今安徽寿县境安丰塘北,明朝废。今寿县境安丰塘边有安丰塘镇。

[10] 光州,在今河南省东南部,治所在今河南省光山县。

[11] 宛、邓、丹、沘,指今河南省西南部南阳市、淅川县、邓州市、泌阳县并跨湖北省西北部部分地区。宛,即今南阳市;邓县,在今襄樊市北;丹水,在今淅川县西,因濒临丹水而得名;沘,即沘阳,在今泌阳,沘又为水名,源自河南省泌阳县西北部,流经社旗县东南部汇入唐河。

[12] 登莱半岛,登指登州,即今蓬莱市;莱指莱州,旧治掖县,1988年改设莱州市。登莱半岛,即山东半岛。

[13] 金牛道,古道路名,自今陕西勉县向西南,入四川境,经朝天驿至剑门关,是古代联系汉中与巴蜀的要道。与自今陕西凤县经留坝至褒城的北栈道相对,又称南栈道。

[14] 邗沟,古运河名,自今扬州市南引江水,北过今高邮市西,折东北,济射阳湖而入淮河,与今运河不完全相同。

[15] 琅玡,古郡国名,在今山东省东南部,东晋侨置于今江苏省南京市东。

[16] 钟离,古县名,在今安徽省凤阳东北。东晋设郡。

[17] 郁(鬱)洲,在今江苏省云港市云台区,本在海中,因海岸线不断东移,至清代与陆地相连,如今是连云港市的重要组成部分。

[18] 芮逸夫(1897—1991),江苏溧阳人,人类学家,曾任职于中央研究院社会科学研究所,后赴美国研修人类学。1989年,台湾大学出版所著《中国民族及其文化论稿》(三册)。

[19] 加*的为旧县名,与现在县市名称对照于下:

榴江,广西旧县名,1951年与雒容县、中渡县合并为鹿寨县。

田西,广西旧县名,1936年分西林、西隆和凌云三县部分地区而设,1952年改名为田林县。

修仁,旧县名,在广西自治区东部。唐朝由建陵县改。1952年撤销,分别并入荔浦县和鹿寨县。

贵县,广西旧县名,1988年改设贵港市。

宜北,广西旧县名,1951年与思恩县合并为环江县,1986年改设环江毛南族自治县。

果德,广西旧县名,1951年与平治县合并为平果县。

万冈,广西旧县名,1952年撤销建制,辖区分别划入凤山、东兰、田阳、田东等县。

天保,广西旧县名,1951年与敬德县合并为德保县。

向都,广西旧县名,1951年与镇结县合并为镇向县,同年镇向县又与龙茗县合并为镇都县,1957年改名为天等县。

同正,广西旧县名,1951年与扶南县、绥渌县合并为扶绥县。

平治,广西旧县名,1951年与果德县合并为平果县。

敬德，广西旧县名，1951年与天保县合并为德保县。

化县，广西旧县名，1959年改为化州县，1994年改设化州市。

灵山，今属广西。

番禺(Pānyú)，现在是广州市的一个区。1992年为广州市的属市，2000年改为区。番禺，秦始皇三十三年(前214)设立，以有番水、禺水而命名。

石城，在江西省中南部，不属粤江水系。

海康，广东旧县名，1994年改设雷州市。

万县，广东海南的历史县名。唐朝置万安县，五代南汉改为万宁县，1912年改万县，1914年再改万宁县，1996年改设万宁市。文中用的是旧名称。

雒容，广西旧县名，1951年与榴江县、中渡县合并为鹿寨县。

思恩，旧县名，在广西自治区北部。唐朝设县。1952年与宜北县合并为环江县，1986年改为毛南族环江自治县。

绥渌，广西旧县名，1951年与同正县、扶南县合并为扶绥县。

永淳，广西旧县名，1952年撤销建制，分别划入横县、宾阳县和邕宁县。

龙津，广西旧县名，1951年与上金县合并为丽江县，1952年复改名龙津县，1961年又改名龙州县。

崇善，广西旧县名，1951年与左县合并为崇左县。

养利，广西旧县名，1951年与万承县和雷平县合并为大新县。

左县，广西旧县名，1951年与崇善县合并为崇左县。

镇结，广西旧县名，1951年与向都县合并为镇向县，同年镇向县又与龙茗县合并为镇都县，1957年改名为天等县。

明江，广西旧县名，1952年并入宁明县。

镇边,广西旧县名,1953年改称睦边县,1965年又改称那坡县。

高明,现在是广东佛山市的一个区。1992年为佛山市的属市,2000年改为区。

封川,广东旧县名,1952年与开建县合并为封开县。

开建,旧县名,在广东省西部。南朝宋设立。1952年与封川县合并为封开县。

义宁,广西旧县名,1951年撤销,分别并入龙胜、灵川、临桂三县。

融县,广西旧县名,1952年改名为融安县。

象县,广西旧县名,1952年与武宣县合并为石龙县,1960年石龙县改名为象州县。

天河,广西旧县名,1952年并入罗城县,1983年改名为罗城仫佬族自治县。

会乐,作者据李荣转引徐松石《粤江流域人民史》(中华书局,1939)。核徐书,亦作会乐。该书书前附有标各县县名的两广地图,图中在海南岛东部文昌、琼东之南,万宁、陵水之北有乐会。当时自右至左行文,地图上作"會樂",即为"樂會"。徐氏于书中误作"會樂"。乐会县,唐朝设置,1959年与琼东县合并为琼海县,1992年改设琼海市。

南海,现在是广东佛山市的一个区。秦设立南海郡,治番禺。隋分置南海县。1992年为佛山市的属市,2000年改为区。

三水,现在是广东佛山市的一个区。明朝设县。1993年为佛山市的属市,2000年改为区。

归善,广东旧县名,1911年改名为惠阳。这里用的是旧称。

海阳,广东旧县名,1914年改名潮安。这里用的是旧称。

迁江,广西旧县名,1952年并入来宾县。

西隆,广西旧县名,1951年与西林县合并为隆林县,1953年建立隆林各族联合自治县,1963年,西林县划出另设县,隆林各族联合自治县的名称保留。

柳仁,古今无此县名。似为"柳城"之误。今广西柳城县有"中六料",另有"六塘、六休、六村、古六、老六广、新六广"等地名。柳城属柳州市。原同属柳州市的金秀瑶族自治县(今属相邻的来宾市)有六闭、六定、六段、六鹅、六桂、六李、六力、六岭、六龙、六闷、六秘、六棉、六排、六坪、六团、六眼、六竹、六巷乡,另有下六雷、下六强以及长六、瓜六等,其中或有如徐松石注所云"瑶袭壮名"者。

那地,疑为"那坡"之误。那坡,1953年与镇边县合并,因与越南接壤,改为睦边县,1965年又改名那坡县。

苍培,疑为苍梧之误。今苍梧境南部偏西有富禄。

那马,广西旧县名,1951年与隆山县合并为马山县。

[20] "另一条叫迈立开江",为1989年版所补。

[21] 山头语,即景颇语。山头,汉族对景颇族的旧称。景颇族与缅甸境内克钦人同属一支。

[22] 花腰,云南新平一带彝族的他称,因妇女腰扎彩色腰带得名。根据现在的了解,花腰与摆夷不属一族。

[23] 台语,语言学上指汉藏语系壮侗语族中的壮傣语支,包括中国的壮语、布依语、傣语、临高话(海南)和国外的泰语、老挝语、缅甸的掸语、越南的侬语及岱语等。"台语"一名由法国语言学家马伯乐于1911年提出,后来为语言学界接受。

[24] 密支那,缅甸北方恩梅开江边城市,克钦邦首府,在中国云南省西面,华人比较多。

[25] 孟族,从语言角度说,指南亚语系的孟-高棉语族,分布在印度东北部到越南、柬埔寨等地以至中国云南省,包括越南语、高棉语、孟语、佤语、德昂语等。

[26] 这一自然段有关缅甸地名部分,1989年版由研究缅甸语言文化的汪大年先生调整补充。

[27] 侨郡县现象,北方也有,虽然情况不尽相同。如刘胡兰的家乡山西省文水县云周西村,就是位于云周村之西。云周村,是云州故地,北魏末改朔州置。山西交城县城南有高车村,当是居于漠北的高车族(铁勒族的别称)集体南移而定居的遗迹。北京郊区今有屯留营、长子营等,这是明朝初年移外省人口填实京郊的遗迹。类似的情况如(唐)李吉甫《元和郡县图志》卷四"绥州龙泉县"条所记:"吴儿城,在县西北四十里。初,赫连勃勃破刘裕子义真于长安,遂虏其人,筑此城以居之,号吴儿城。"在建立十六国时期夏政权的匈奴铁弗部的赫连氏看来,中原人,尤其是南迁的晋朝人,都算"吴人"。俘获了东晋军民,筑城别居,即单独管理,从人员异地群居说,也算是侨居。

钱大昕《十驾斋养新录》卷六《晋侨置州郡无南字》条还指出这样的现象:"晋南渡后,侨置徐、兖、青诸州郡于江淮间,俱不加'南'字。刘裕灭南燕,收复青、徐故土,乃立北青、北徐州治之,而侨置之名如故。""立北青、北徐",实际上是恢复原来青州、徐州的名称和建制。因为侨置的青州、徐州仍然存在,而且侨置时并未加"南"字,反倒于恢复的建制加"北"字,以予区别。

地名的变化简直就是一部文化史,大可深入发掘。《春秋·哀公二年》有"晋(国)赵鞅帅师及郑(国)罕达帅师,战于铁,郑师败绩"的记载。《左传》相应有"登铁上,望见郑师众"。晋代杜预注:"铁,丘名。"并且说:"铁在戚城南。"铁丘或者铁山,在现在的河南省濮阳县西北。按照地名命名的通例,很可能是那里产铁,或者曾经出产铁,地名以特产得名。从情理上分析,如果确实是以出产物得名,开始产铁的时间一定早于鲁哀公二年。由此可以考察中国冶铁的起始时代。《元和郡县图志》卷十三"太原府文水县"条说,现在的山西省文水县,是隋开皇十年(590)由受阳县改名为文水县的,武则天称帝的天授元年(690)改为武兴县,15年后,武则天去世,李显(唐中宗)恢复国号唐,武兴县改回文水县。不论是武则天或当时中央政府官员授意改的,还是当地阿奉改的,这一事实至少在解决武则天祖籍山西还是四川的争议中具有相当的权重。

另可参看葛剑雄主编《中国移民史》1—6卷,福建人民出版社,1997。

第六章　从姓氏和别号看民族来源和宗教信仰

中华民族原来是融合许多部族而成,尽管每个部族华化的程度已经很深,可是从姓氏上有时还可以窥察他的来源。这种例子在历史上和现代人里都容易找到。比方说,尉迟氏是唐朝的望族。相传于阗[1]王室唐以前就属 Vijaya 一族。据斯台因(M. A. Stein)和柯诺(Sten Konow)诸人研究,西藏文献中的 Vijaya 就是 Saka 语[2]的 Viśa。尉迟氏就是 Viśa 的对音,于是于阗国人到中国来住的都以尉迟为氏。至于唐代流寓长安的尉迟氏诸人,大概出自三个来源:一支出于久已华化的后魏尉迟部一族(如敬德、窥基);一支是隋唐之际因充质子而到中国来的(如跋质那与乙僧——见张彦远[3]《历代名画记》);还有一支是族系和来历都不明白的(如尉迟胜在《旧唐书》一四四、《新唐书》一一〇和《册府元龟》六九二俱有传)。据柯诺在《于阗研究》中考证,尉迟胜就是西藏文献里的 Vijaya Sambhava,他的兄弟于阗王尉迟曜就是西藏文献里的 Vijaya Bohan,也就是于阗语里的 Viśa Vahan。①

---

① 向达《唐代长安与西域文明》,页 6—8。

又龟兹白氏,冯承钧由龟兹王苏伐勃駃和诃黎布失毕二名所得 Suvarṇa-puṣpa(金花)和 Haripuṣpa(师子花)二者推测,怀疑就是 puṣpa 的译音。① 此外像唐代的康姓出生于康国(Samarkand),米姓出于《西域记》[4]的弭秣贺(Maymurgh),曹姓出于曹国(《西域记》劫布呾那国,阿拉伯地理学者所说的 kabudhan 或 kabudhangekath,地在撒马尔罕东北),安姓出于安国(Bukhara)。② 这些例子都可以从姓氏上推测出他们的中央亚细亚来源。

还有慕容氏本来是鲜卑姓,他的后裔因为讳言所出,分化成了两支:一支是广东东莞容氏,一支是山东蓬莱慕氏。这两姓看起来毫不相干,其实是同出于一个祖先的。据向达说:"曾晤甘肃老儒慕寿祺,自云吐谷浑慕容氏之后。"那么,现在甘肃省也有慕氏的后裔。

姓氏和别号有时也可以反映出宗教信仰。中国回教徒的姓固然有和汉人相同的张、王、刘、杨、金、崔、李、周、曹等普通姓;同时也有他们特有的回、哈、海、虎、喇、赛、黑、纳、鲜、亚、衣、脱、妥、以、玉、买、剪、拜、改、沐、朵、仉、把、可、萨、喜、定、敏、者、撒、忽、洒、靠、羽、摆等纯回姓和马、麻、白、满、蓝、洪、丁、古、宛、穆等准回姓。纯回姓都以回教徒的谱系作基础,准回姓就有依据汉姓来的。③ 因此咱们有时根据这些姓氏就可以推断他们是不是回教徒。况且西北一带流行的

---

① 冯承钧《西域南海史地考证译丛》,页 11 引《女师大学术季刊》2 卷 2 期《再说龟兹白姓》。
② 前引书,页 12—24。
③ 参阅小林元著《回回》,页 331—337。

民谣有:"十个回子九个马,剩下一个准姓哈。"云南的民谣有:"张汉人,李倮倮,回回总是姓马多。"这也可见一般人民已经有从姓氏推断宗教信仰或民族来源的习惯。现在咱们且举几个例,以示回族姓氏渊源的一斑:

萨姓是元萨都剌的后裔。萨都剌是 sa'dullah 的对音,乃阿拉伯文 sa'd"吉祥"和 allah"上帝"两字所合成,译言"天祥"。萨都剌字"天锡",恰好和阿文姓的原义相应。丁姓是元丁鹤年[5]的后裔。元戴良[6]《九灵山房集》有《高士传》,为丁鹤年作,原文说:"鹤年西域人也。曾祖阿老丁,祖苫思丁,父职马禄丁,又有从兄吉雅谟丁。"清俞樾[7]《茶香室续钞》云:"鹤年不言何姓,而自曾祖以下,其名末一字皆丁字,不知何义,世遂以鹤年为丁姓,非也。国朝钱大昕《补元史艺文志》有丁鹤年《海巢集》一卷,《哀思集》一卷,《续集》一卷,亦误以鹤年为丁姓也。"按"丁"是阿拉伯文 din 的对音,本义是"报应"。凡宗教皆持因果报应之说。故阿拉伯人称宗教 din。阿老丁是 Alā-ud-Din 的对音,译云"宗教的尊荣";苫思丁是 Shams-ud-Din 的对音,译云"宗教的太阳"(元咸阳王赛典赤也名赡思丁);职马禄丁是 Jamal-ud-Din 的对音,译云"宗教的完美"(至元四年撰进《万年历》的西域人札马鲁丁与此同名);吉雅谟丁是 Diyam-ud-Din 的对音,译云"宗教的典型"。鹤年业儒,汉化的程度很深,所以冠丁为姓。又马姓是由"马沙亦黑"缩减而成。马沙亦黑是阿拉伯文 Shaikh Marhmmad 的对音。Shaikh 译云"老人",是阿拉伯人对于长者的尊称,英文写作 Sheik 或 Sheikh。阿拉伯人的尊称常常放在人名的前头,我国人感觉不便,所以将人名提前,而称作

"马哈麻·沙亦黑",更简称作"马沙亦黑",于是马变成姓,沙亦黑变成名。西北和西南的回民大都姓马,就是这个原因。① 此外如哈姓出于哈散,纳姓出于纳速剌丁②,赛姓出于赛典赤赡思丁……也都是有渊源可考的。

从别号反映宗教信仰的,例如北周宇文护小字萨保。《周书》十一载他给他的母亲阎姬的信说:

违离膝下,三十五年,受形禀气,皆知母子,谁同萨保,如此不孝?

萨保就是萨宝,和祆教有关。南北朝时中国人或华化的塞外种族间,盛用和宗教有关的命名,其中和佛教有关系的名字比较多。像宇文护的哥哥宇文导小字菩萨,就是其中的一个例。③ 向达说:"兹按火祆教官名萨宝,隋已有之。《隋书·百官志》:'雍州萨保为视从七品;诸州胡二百户以上萨保为视正九品',萨保即萨宝,皆回鹘文 sartpau 之译音,义为商队首领。日本藤田丰八、羽田亨、桑原骘藏诸人已详细予以讨论,兹可不赘。"他又说:"《隋书·百官志》论齐官制云:'鸿胪寺典客署又有京邑萨甫二人,诸州萨甫一人。'萨甫亦即 sartpau。"④ 按藤田丰八《西域研究》(《史学杂志》)谓萨宝或萨保是梵语 sârthavâho 的对音,原义是商队的领袖。桑原骘藏

---

① 以上三例承马坚教授提示,特此声谢!
② 小林元,前引书,页 332。
③ 何健民译《隋唐时代西域人华化考》[中华书局,1939],页 60。
④ 向达《唐代长安与西域文明》,页 82、83。

又据羽田亨引 Radloff 说①,以回纥语把商队的首领(der Karavanenführer)叫做 sartpau,似乎和萨宝的关系格外密切。② 由于以上的种种论据,我们从宇文护的小字便可以推断他和火祆教的渊源了。

又《元史》一二一《速不台传》附《兀良合台传》:"宪宗即位之明年,世祖以皇帝总兵讨西南夷乌蛮、白蛮、鬼蛮诸国,以兀良合台总督军事。……甲寅秋……至昆泽,擒其国王段智兴[8]及其渠帅马合剌昔以献。"案马合剌昔就是梵语 Mahāraja 的对音,译言"大王",字也写作"摩诃罗差"。因为蒙古译语往往读 j-作 ši,所以译作"剌昔"。一本"剌昔"作"剌者",那就更和 raja 的译音接近了。③ 佛教流行于大理很久,直到现在阿阇黎教[9]的遗迹还散布在云南迤西一带。那么,元初段智祥的渠帅马合剌昔,从名字上看,无疑是信佛教的了。

自从基督教传播中国以后,许多人的名字也显露宗教的色彩。例如,元朝的阔里吉思、马祖常[10]、赵世延等,都可从他们本身或先世的名字来推断他们是信仰基督教的。《元史》一三四《阔里吉思传》:"阔里吉思,蒙古按赤歹氏。曾祖八思不花……祖忽押忽辛……父药失谋。……枢察副使孛罗……引见世祖。"据张星烺[11]考证:阔里吉思就是 Georgius 的译音,咱们不单从他自己的名字知道他是基督教徒,并且

---

① 羽田亨《回鹘文法华经普通门品之断片》,载大正四年九月号《东洋学报》,页 397。
② 《隋唐时代西域人华化考》,页 122。
③ 关于这一点我得谢谢邵心恒(循正)的启示!

从他的祖父忽押忽辛 Hoham Hoshaiah 和他的父亲药失谋 Joachim 的对音更可得到确切的佐证。① 又《元史》一一八另有一个《阔里吉思传》："阔里吉思……成宗即位,封高唐王。西北不安,请于帝愿往平之。……二年冬敌兵果大至,三战三克,阔里吉思乘胜逐北,深入险地,后骑不继,马蹶陷敌。遂为所执。敌诱使降。……竟不屈死焉。……子术安幼,诏以弟木忽难袭高唐王。"据陈垣说:"据近人之考察,则阔里吉思即《马哥孛罗游记》之佐治王(King George),其所据者为现存罗马之公元 1305 年(元大德九年)1 月 8 日主教蒙哥未诺在燕京所发之第一书。其所述之信教佐治王地位、事迹及卒年遗孤等均与驸马高唐王之阔里吉思相合。……近人因阔里吉思为汪古部长(即雍古)[12],《元史》本传载其兄弟姊妹之名又皆基督徒之名,遂断定为即《马哥孛罗游记》及蒙哥未诺第一书之佐治王。然其兄弟姊妹而外,其父爱不花,季父君不花,亦皆热心之基督徒也。"②1935 年秋江上波夫在百灵庙[13]一带发现刻有叙利亚文的景教徒墓石多种。其中有与高唐王阔里吉思相关者一石,文云:"神仆天主公教会信徒阔里吉思之墓,阿孟。"亦可为进一步之佐证。至于马祖常是基督徒,张星烺曾经举出三个证据:"(1)凡《元史》中雍古部人传每多基督教徒之名;祖常为雍古部人。(2)马祖常所作其曾祖月合乃《神道碑》叙述家世人名:汉式名二十五,蒙古名

---

① 参看张星烺《马哥孛罗游记导言》第三章增补附注,1924 年排印本,《受书堂全书》第一种。

② 陈垣《元西域人华化考》引 Histoire de mcn Jobeleka Ⅲ,北京大学《国学季刊》第 1 卷,第 4 号,页 597。

一,基督教徒名十有四。(3)月合乃祖名把造马野礼属,此名基督教聂思脱里派[14]中尤多见之。"①陈垣在张氏所举的以外又补充了五条证据,其中的第四条说:元也里可温,大概包涵罗马、希腊聂思脱里各派。马祖常之先究属何派?据《马氏世谱》开宗明义第一句即云:"马氏之先,出西域聂思脱里(Nestorius)贵族,始来中国者和禄采思(Haram Meshech)。"则马祖常之先为也里可温中之聂思脱里派而又尝掌高等神职者也。"②现在综合张、陈两氏的说法,参照马祖常所作《故礼部尚书马公神道碑铭》③和黄溍所作《马氏世谱》④,除去把造马野礼属(《谱》作伯索麻也里束)和和禄采思以外,咱们还可以举出,月忽难(《碑》作曰忽乃)、习礼吉思(《碑》作锡礼古思)、灭都失剌、保禄赐(《碑》作报六师)、奥剌罕、约实谋、阙里奚斯、雅古、也里哈、岳难、易朔等,都是基督教徒的名字。又《元史》一八〇《赵世延传》:"赵世延,字子敬,其先雍古族人。曾祖黠公(Tekoah)。……祖按竺迩(Anthony)。……父黑梓(Hosea)。……世延历事九朝……五子,达者三人:野峻台,……次月鲁(Julius),……伯忽……"世延本人的姓名虽然完全华化,可是他的前三代和下一代都用基督教的名字,那么,无疑地可以断定他是基督教世家了。⑤ 再就眼前找几

---

① 陈垣前引文引张星烺《马哥孛罗游记》卷一,第五十九章附注,北京大学《国学季刊》第1卷,第4号,页592。
② 陈垣前引文,北京大学《国学季刊》第1卷,第4号,页593、596。
③ 北大图书馆藏弘治刻本,《马石田文集》系四库底本,中多馆臣涂改处,习礼吉思正如碑文作锡礼古思。又阔里吉思馆改作克㙩济苏。
④ 黄溍《金华文集》卷四十三,页1—5,《四部丛刊》本。
⑤ 参看陈垣前引文,北京大学《国学季刊》第1卷,第4号,页623。

第六章 从姓氏和别号看民族来源和宗教信仰 · 95 ·

个熟人,像符保卢[15]、马约翰[16]之在体育界,洪煨莲[17]、赵萝蕤[18]之在学术界,马宝莲、陈彼得之在昆明西南联大的外国语文学系,即使你没看见过他们本人,单从他们的命名,就可以推知他们是曾经受过洗礼的人物。

临末了儿,我还要简单介绍所谓"父子连名制"。父子连名制是藏缅族(Tibeto-Burman speaking tribes)的一种文化特征。靠着它可以帮助从体质和语言两方面来断定这个部族里有许多分支的亲属关系,并且可以决定历史上几个悬而未决的部属问题。概括地说起来,在这个部族里父亲名字末一个或末两个音节常和儿子名字的前一个或前两个音节相重(overlapped),它的方式大约有底下四种:

1. ABC —   CDE —   DEF—   FGH
   恩亨糯   糯笨培   笨培呙   呙高劣
2. A□B —   B□C —   C□D — D□E①
   龚亚陇   陇亚告   告亚守   守亚美
3. ABCD — CDEF — EFGH —GHIJ
   一尊老勺 老勺渼在 渼在阿宗 阿宗一衢
4. □A□B— □B□C— □C□D—□D□E
   阿琮阿良 阿良阿胡 阿胡阿烈 阿烈阿甲

在分支里虽然不免有小的参差,大体上很少超越上面所举的几个方式。

---

① □代表相同的嵌音,下同。

我对于这个问题前后写了三篇文章①,共计收了缅人支三例,西番[19]支二例,猓猓支七例,民家[20]支六例。所赅括的支派有缅人、茶山、么些[21]、猓猓、阿卡[22]、民家六个部族;分布的地域自云南的大理、姚安、云龙、维西、丽江、片马、噬夏[23]、武定、孟遮[24]、孟连,南达缅甸,北到贵州的水西[25],四川的冕宁和西康[26]的大凉山。应用这个语言和文化的交流我曾经解决了几个历史上的民族问题:

有些历史学家和西洋人研究东方学或摆夷民族史的,像Hervery de Saint-Devis,Parker,Rocher,Cochrane 等,认为南诏和摆夷的亲缘很近,应该属于泰[傣]族(Tai Family),并且说南诏就是摆夷所建的王国。据王又申翻译的达吗銮拉查奴帕原著的《暹罗古代史》上说:

据中国方面之记载,谓汰人[27]之五个独立区域合成一国,时在唐朝,称之曰南诏。南诏王国都昂赛,即今日云南省大理府。南诏之汰人素称强悍,曾多次侵入唐地及西藏,但终于佛历一千四百二十年(西历877)间与唐朝和好。南诏之王曾与唐朝之公主缔婚。自此以后,王族之中遂杂汉族血统,汰人亦逐渐忘却其风俗习惯,而同化于中国。虽则如此,汰人尚能维持独立局面。直至元世祖忽必烈可汗在中国即皇帝位,始于佛历一千七百九十七年(西历1254)调大军征伐

---

① 《论藏缅族的父子连名制》,载在南开大学边疆人文研究室1944年3月出版的《边疆人文》第1卷第3、4期合刊;《再论藏缅族的父子连名制》,载在1944年9月出版的《边政公论》第3卷第9期,页18—21;《三论藏缅族的父子连名制》,载在1944年12月出版的《边疆人文》第2卷第1、2期。参阅本书附录一。

汰国,至入缅甸境内。自彼时起以至今日,汰人原有土地乃尽沦落而变成中国。

对于这个意见,咱们且不提出别项驳议,单就世系来推究,已经够证明它不对了。

据杨慎所辑的《南诏野史》引《白古记》[28],南诏先世的世系是:

骠苴低——低蒙苴——蒙苴笃……

从此以下传36世至

细奴罗——罗晟——晟罗皮——皮罗阁——阁罗凤——凤伽异——异牟寻——寻阁劝——⌈劝龙晟⌊劝利晟——晟丰祐——世隆——隆舜——舜化真

纪南诏之书传世尚有蒋彬[29]《南诏源流纪要》[30]。彬,湘源[31]人,明嘉靖初官云南大理,得《白古记》《南诏记》等士(土?)人著作,乃撰是书。此书系嘉靖刻本,天一阁旧藏,现存北大图书馆。

假如咱们承认父子连名制是藏缅族的文化特征,而且据亡友陶云逵[32]说,他所看到的车里宣慰司[33]的摆夷宗谱又绝对没有这种现象,那么,看了南诏蒙氏的世系以后,上面所引的意见当可不攻自破了。

至于南诏以外其他五诏的世系大部分也用父子连名制,如:

蒙嶲诏凡4世:

嶲辅首——佉阳照(弟)——照原——原罗

越析诏或么岁诏凡 2 世：

波冲——于赠（兄子）

浪穹诏凡 6 世：

丰时——罗铎——铎罗望——望偏——偏罗矣——矣罗君

邆睒诏凡 5 世：

丰哶——哶罗皮——皮罗邓——邓罗颠——颠文託

施浪诏凡 4 世：

望木——望千（弟）——千傍——傍罗颠①

后来大理段氏汉化的程度较深，这种文化特征已不显著。可是段智祥的儿子叫祥兴，孙子叫兴智，无意中还流露出父子连名制的遗迹来。至于创立"大中国"[34]的高氏也还保持着这种风俗。他的世系是：

高智升[35]——高升泰——高泰明——高明清

高氏的子孙。清初做姚安府土同知，仍然沿用父子连名制。光绪二十年所修《云南通志》卷一三五，页一七，引旧志说：

> 顺治初，高奣映投诚，仍授世职。奣映死，子映厚袭；映厚死，子厚德袭，雍正三年以不法革职，安置江南。

按《云南备徵志》[36]一九《云龙记往》里的《摆夷传》，有一条记载说：

> 先是夷族无姓氏，阿苗生四子，始以父名为姓：长苗难，

---

① 六诏的世系是参酌樊绰《蛮书》、《新唐书·南蛮传》和杨慎《南诏野史》所定的。

次苗丹,次苗委,次苗跖。苗丹子五人:曰丹戛,丹梯,丹鸟,丹邓,丹讲。五子中惟丹戛有子曰戛登。

这分明又是一条父子连名制的证据。不过原书所谓"摆夷"应该是"僰夷"[37]或"白夷"[38]的错误,也就是白子[39]或民家。我在前面已经说过泰族并没有这种文化特征;而且从云南土族的分布来讲,云龙也只有白子而没有摆夷,所以我才敢有上一条的校勘。如果我所断定的不错,那么,拿这条材料和大理段氏、"大中国"高氏和姚安高氏的世系来比勘,我们对于民家的族属问题,除去语言的系别以外①,又可以找到文化上的佐证了。然而证据却还不止于这个呢。

1944年7月我们一行33人应马晋三(崇六)、阎旦夫(旭)、陈勋仲(复光)和王梅五(恕)几位的邀请,同到大理去采访县志材料。在回来的时候,我的一个伙伴儿吴乾就[40]曾经在大理下关得到两种有关父子连名制的好证据。他所得到的材料,一个是《善士杨胜墓志并铭》,大明成化三年(1467)"龙关习密僧杨文信撰并书咒",原碑在大理下关斜阳峰麓么㱔坪;另一个是《太和龙关赵氏族谱叙》,天顺六年(1462)二月吉旦"赐进士第南京国子监丞仰轩山人许廷端顿首拜撰"。在前一种材料里,我们发现:

杨贤——杨贤庆——杨庆定

祖孙三世都是父子连名,庆定以下则不然。吴乾就按云:

---

① 李方桂曾经假定:"The Minchia and some minor dialects may also belong to this(Tibeto-Burman) groups",参看 Languages and Dialects, *The Chinese Year Book*, Shanghai, 1938–1939 issue, p.49。

"庆定明洪武间人。洪武十五年左右副将军蓝玉、沐英率师克大理,设官立卫守之,①庆定遂为都里长。是则元代段氏之世,杨氏仍沿风习,行父子连名制。至是汉人移居者多,当地土著渐濡汉化,杨氏之放弃其父子连名旧习,盖其一端也。"

在后一种材料里,我们又发现:

赵福祥——赵祥顺——赵顺海

祖孙三世也是父子连名,自赵赐(顺海子)以下,这种文化遗迹就不可复见了。吴乾就按云:"赵氏自赵福祥而赵祥顺、赵顺海,祖孙三代亦父子连名,其始祖永牙至福祥数世当亦如此,惜其名讳失传,无可考案耳。降及赵顺海子赵赐,父子连名制始废。赐,元末明初人,以习密宗,洪武间曾随感通寺僧无极入觐。此与龙关杨氏自洪武间杨胜始不以父名联己名,正可参考。是则大理土著在元以前皆行父子连名制,迨明洪武十五年蓝玉、沐英等戡定大理后,汉人移殖者日众,当地土人始渐渍汉化,举其远古之惯习而废弃之,当无可疑也。"

拿以上两种事实和我在前面所举的大理段氏、"大中国"高氏和姚安高氏三个例来互相勘研,咱们可以提出三条新结论:

第一,从这种文化遗迹,我们可以推测大理乃至迤西各县的一部分土著从前曾经和藏缅族有过关系。

第二,善士杨胜墓志的所在地是大理下关斜阳峰麓的

---

① 《明史》三一三,列传二〇二,"云南土司·大理"条:"(洪武)十五年,征南左将军蓝玉,右将军沐英,率师攻大理……大理悉定,因改大理路为大理府,置卫,设指挥使司。十六年……命六安侯王志,安庆侯仇成,凤翔侯张龙督兵往云南品甸,缮城池,立屯堡,置邮传,安辑人民。……二十年诏景川侯曹震及四川都司,选精兵二万五千人,给军器农具,即云南品甸屯种,以俟征讨。"

"么步坪"。拿这个地名和余庆远[41]《维西闻见录》所记么步姓氏制度和丽江《木氏宗谱》的34代父子连名来互相参究（参看附录一），我觉得这绝不是偶然的巧合，至少可以说，杨胜的先世和广义的藏缅族有过血缘关系。

第三，从前赖古伯里（Terrien de Lacouperie）、戴维斯（H. R. Davies）、丁文江[42]、凌纯声[43]等关于民家族属的推测，由这种文化特征来看，我认为都值得重新考虑了。截至现在，只有李方桂所说民家话属于藏缅群的假设还离事实不远。

注释

[1] 于阗，古代西域国名，在今新疆和田一带，与汉朝有交往，西晋时封其王为"亲晋于阗王"，南北朝时属北魏，唐于其地置毗沙都督府。

[2] Saka语，指藏语萨迦方言。

[3] 张彦远（815—907），蒲州猗氏（今山西临猗）人，唐代书画理论家，官至大理卿。所撰《历代名画记》，十卷，前三卷阐释绘画理论、发展及鉴赏知识，后七卷为上自轩辕黄帝下迄唐代370余名画家的小传。另辑有《法书要录》。

[4] 《西域记》，东汉班勇撰《西域风土记》，唐玄奘、辩机撰《大唐西域记》，均简称《西域记》。据所述地理和古国名，乃为后者。曹国，在今乌兹别克斯坦境。安国，在今乌兹别克斯坦布哈拉一带。本段所述古代中亚诸国，为隋唐时期阿姆河、锡尔河诸政权"昭武九姓"。九姓，《隋书》和《唐书》所指不同。当非确指。

[5] 丁鹤年（1335—1424），回族诗人，养生学家，父官于武昌，遂为武昌人，北京菜市口中药店鹤年堂的创办人。《海巢集》《哀思

集》之外，尚有《方外集》一卷，合计收诗三百余首。

[6] 戴良(1317—1383)，今浙江浦江人，元明时期文学家，字叔能，以居于九灵山下，号九灵山人。曾任月泉书院院长、儒学提举等。所撰《九灵山房集》，三十卷，补编二卷，含《山居稿》《吴游稿》《鄞游稿》《越游稿》等。

[7] 俞樾(1821—1907)，浙江德清人，晚清经史大家，著作五百余卷，有《群经平议》《诸子平议》《茶香室丛钞》等，总集为《春在堂全书》。

[8] 段智兴，或作段智祥，南宋晚期大理国的国王，在位33年，经历天开(1205—1225)、天辅(1226—1229)、仁寿(1230—1238)三个年号，后退位，出家为僧，史称大理神宗。1253年，忽必烈征云南，灭大理国。

[9] 阿阇黎，梵文 Acatya 的音译，意为教授弟子，纠正弟子行为，也就是导师。这里指遵行这些规范的佛教。

[10] 马祖常(1279—1338)，大青山汪古部诗人，元延祐二年，会试第一，廷试第二，累官礼部尚书、枢密副使。有《石田先生文集》。

[11] 张星烺(1881—1951)，江苏泗阳人，历史学家，曾任北京大学、辅仁大学教授，治中西交通史富有成果，有《中西交通史料汇编》等。

[12] 汪古部，金元时期今内蒙古大青山以北地区的一个部族，有汪古惕、雍古、雍古多、旺古等多种写法，信奉景教，与蒙古族有姻亲关系，成吉思汗时并入蒙古。明代生活于贺兰山一代。

[13] 百灵庙，今为内蒙古包头市阴山北麓达尔罕旗的一个镇。主体建筑始于康熙四十二年(1703)，赐名广福寺，寺为喀尔喀右翼旗贝勒所建，惯称贝勒庙，讹为汉话百灵庙。当地通行的汉语为山西方言。

[14] 聂斯脱里派，今写作聂斯脱利派，基督教的派别之一。因信奉

君士坦丁堡天主教聂斯脱利(Nestorius,约380—451)所倡教义而得名。公元5世纪时,东派教会内部产生了互相对立的安提阿派和亚历山大里亚派,431年,亚历山大里亚派得到东罗马皇帝和西派教会的支持而获胜。安提阿派的聂斯脱利的主张被视为异端,聂斯脱利被革职流放。其信徒逃往波斯,得到波斯王的支持,于5世纪末成为独立教会。唐贞观五年(635)传入中国,称景教。

[15] 符保卢,1913年出生于长春,1936年参加第11届国际奥运会,进入撑杆跳决赛,创造了4.15米的全国记录。

[16] 马约翰(1882—1966),福建厦门人,中国体育教育家,1936年以中国队总教练的身份参加第11届国际奥运会。新中国成立后,曾任中华体育总会主席、第三届全国人民代表大会代表。

[17] 洪煨莲,即洪业(1893—1980),号煨莲,福建侯官人,燕京大学教授,主持编制中国典籍引得(索引)64种。著有《蒙古秘史源流考》等。1946年以后居住美国。

[18] 赵萝蕤(1912—1998),女,浙江德清人,著名翻译家和比较文学研究家。1932年毕业于燕京大学,在美国芝加哥大学获得博士学位。先后任燕京大学、北京大学教授,曾经访问英国诗人艾略特(1888—1965),并且翻译了艾氏运用象征、暗示、隐喻、时空颠倒、自由联想、意象叠加等手段创作的长诗《荒原》。

[19] 西番,有三说。(一)旧时汉文典籍中对普米族的称呼。普米族主要分布在云南省北部,在四川木雅县与尔苏人分布地区有重合。普米语,一说属羌语支。另说属藏语支。(二)孙宏开《尔苏沙巴文》(《中国民族古文字图录》,中国社会科学出版社,1990)说:"尔苏沙巴文是自称尔苏(旧称西番)的一部分人使用的文字。"尔苏人分布在四川凉山州及雅安地区,语言属藏缅语族羌语支。普米人与尔苏人有关,但似非同一族人。(三)分布

在四川西昌一带,说纳木依语的藏族,旧时也称为西番。

[20] 民家,白族的旧称。有一种说法是,外来驻守洱海地区的汉族军户对世居当地的白族民户的称呼。

[21] 么些,旧时汉族对纳西族的常用称呼。唐宋时期文献称磨些蛮,元明以后文献称末些、摩娑、摩沙、摩些、摩梭等,近代多称么些。

[22] 阿卡,即卡人,老挝少数民族的一支,1987年时有87万人。信小乘佛教。从事农业、渔业。越南、柬埔寨和泰国也有分布。卡语属南亚语系孟高棉语族。

[23] 噬戛,村庄名,清朝属云南腾越厅,在今泸水县片马以西今缅甸境恩梅开江的支流小江之北侧,1960年中缅划定边界时,划归缅甸。

[24] 孟遮,今作勐遮,属云南西双版纳自治州勐海县。

[25] 水西,元代贵州境内的土司有水东、水西之称。水西统辖地区大致相当今毕节地区。清朝初年改设水西宣慰使。这里用的是历史名称。

[26] 西康,旧省名,在今四川省与西藏自治区之间,1914年设立川边特别区,1928年改设西康省,省会为雅安。1950年,金沙江以西改设昌都地区,1955年西康省撤销,金沙江以东地区划归四川,昌都地区划归西藏。

[27] 汰人,据《暹罗古代史》第一章第一节标题"汰族入主以前之暹罗",指今泰国的主体民族泰族。

[28] 《白古记》,正名《白古通记》,又名《僰古通记》《白史》《白古通》等,作者当为明初大理杨姓遗民。清初已佚,今有辑本。

[29] 蒋彬,字学原,明代广西全州人,嘉靖时任云南大理按察司副使。

[30] 《南诏源流纪要》,记南诏、大理世袭事迹,迄于明军入滇。简要

编录,并附考证。

[31] 湘源,旧县名,隋代置,在今广西全州,五代晋改为清源,明洪武元年废。湘源以湘江之源得名。湘江发源于今全州地区。蒋彬当是今全州人。《南诏源流纪要》序署:嘉靖十一年(1532)春正月吉日兵备副使湘源蒋彬书于大理分司。

[32] 陶云逵(1904—1944),江苏武进人,中国民族学家和人类学家,著作汇为《陶云逵民族研究文集》。与罗常培是旧友,去世后,罗有纪念文章发表。本书附录一副题亦为悼念陶氏。

[33] 车里,土司名,又称彻里、撤里、车厘。元世祖至元年间在今云南景洪市设军民总管府,明朝改为军民宣慰使司,辖境相当于今西双版纳傣族自治州,天启以后废,清朝复设,1927年以清末车里司设县,1954年撤销,改设景洪版纳等四个版纳,1957年合并为县级版纳景洪,1960年改为景洪县,1993年改为市。

[34] "大中国",11世纪末,大理国权臣高升泰取代段氏,自立为帝,国号"大中国",自号"大中国正德皇帝"。

[35] 高智升,11世纪中期大理国的重臣,因平息杨允贤起义有功,受封赐。1081年,与其子高升泰逼上明帝段寿辉退位出家,拥立段正明即位。

[36] 《云南备徵志》,清道光年间白族学者王崧(字乐山)纂,记滇中掌故,收录《史记》以下史书有关云南的篇章22种。另有秦克玉所纂续编,收录25种。王崧另撰有《云南志钞》《说纬》等。

[37] 僰夷,中国古族名,又称摆夷、白夷、百夷等,明中叶以前指白族先民,明后期指称云南德宏地区的傣族。这里指后者。当与四川珙县一带有悬棺习俗的僰人有关,但不是一支。

[38] 白夷,即德宏地区的傣族,因服色尚白,又称白衣。

[39] 白子,旧时白族的自称。

[40] 吴乾就(1912—1974),华侨,祖籍广东新会,19岁考入清华大

学,在昆明期间,研究云南大理一带回民活动,成就甚丰,与田汝康、罗尔纲正确评价了杜文秀领导的回民起义,澄清了杜文秀投靠英国的误说。吴乾就并从政治角度对滇系军人唐继尧作了较为全面的评价。

[41] 余庆远,湖北安陆人,乾隆三十四年(1769),其兄余庆长任维西厅通判,庆远随往。庆远"知土官之老者能识往事,谙华语,进而访之,颇得其详",遂写成《维西闻见录》。时为乾隆三十五年。

[42] 丁文江(1887—1936),江苏泰兴人,中国地质学的重要奠基人,曾任工商部地质所所长、北京大学教授、中央研究院总干事,主编《中国古生物志》等,著有《中国之造山运动》等。

[43] 凌纯声(1902—1981),江苏武进人,中国民族学家、音乐家,巴黎大学人类学博士。中央研究院研究员,中央大学教授,1949年后在台湾任民族研究所所长、台湾大学教授。与芮逸夫合著《湘西苗族调查报告》,另有《边疆文化论集》。

第七章　从亲属称谓看婚姻制度

在初民社会里名称的用处极大。名称既然相同，往往认为实质也相同。从称一个女子作姊妹到认真当她作姊妹因而禁止婚配，所差不过一步之隔。所以倘若第十从表(tenth cousin)和第一从表(first cousin)的称呼相同，乱伦的畏惧自然会引申到她的身上去。① 为解释上的便利，我现在且举昆明近郊核桃箐村黑夷的亲属称谓作例。

在这种黑夷的亲属称谓中，我们发现：

哥哥、堂兄、姨表兄、大伯子、大舅子(?)同叫做 a˧mu˧；

弟弟、堂弟、姨表弟、小叔子同叫做 ŋɔ˧zu˧；

姊姊、堂姐、姨表姐、大姑子、大姨子(?)同叫做 a˧vi˥；

妹妹、堂妹、姨表妹、小姑子同叫做 ŋɔ˧cm˧；

舅表兄弟、小舅子同叫做 a˧ɣɯ˧da˥（自己的父母称妻的父同）；

舅表姊妹、小姨子同叫做 a˧ɣɯ˧cm˧（自己的父母称妻的母同）；

姑表兄弟叫做 a˧ni˧zu˧（妻的父母称自己的父同）；

---

①　Robert H. Lowie，*Primitive Society*，1920，吕叔湘译本《初民社会》[商务印书馆，1935；江苏教育出版社，2006]页 19，原文 p.16。

黑夷亲属称谓表

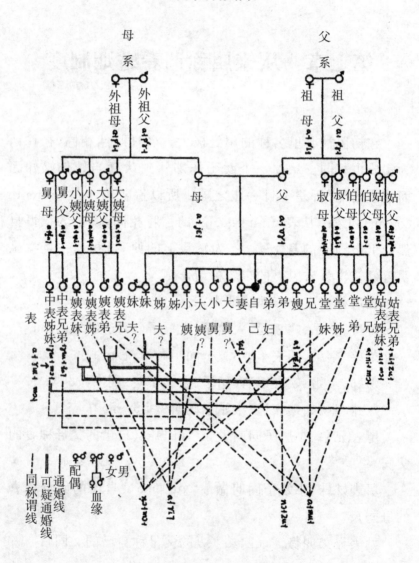

姑表姊妹叫做 a˧ni˧mɔ˧（妻的父母称自己的母同）。①

只要仔细把这些亲属称谓考虑一下，我们立刻就可以发现三个问题：(1)为什么叔伯或姨的子女和自己的兄弟姊妹称呼相同，并且和丈夫的兄弟姊妹相混呢？(2)为什么舅父的子女和妻的兄弟姊妹用同样称呼，并且男方亲家可以用来称呼女方亲家呢？(3)为什么姑母的子女的称谓不和其他兄弟姊妹相混，可是女方亲家却用它来称呼男方亲家呢？要解答这些问题，先得从从表关系和优先婚配（preferential mating）中的从表婚（cousin marriage）来检讨一下。

照社会学上习用的术语，兄和弟或姊和妹的子女，也就是同性同胞（siblings of the same sex）的子女，算是"并行从表"（parallel or identical cousins），在初民的语言里他们通常也被叫做同胞。反之，兄和妹或姊和弟的子女，也就是异性同胞（siblings of the unlike sex）的子女，算是"交错从表"（cross cousins）。初民语言里通常用表示戚谊较疏的名字来称呼。初民社会所赞许的从表婚，几乎完全限于交错从表，而并行从表则受乱伦的限制不得婚配。交错从表婚即姑舅表婚在理论上可以有两种方式[1]：一种是男子可以娶舅父的女儿，也可以娶姑母的女儿；另一种是外甥可以娶娘舅的女儿，可是内侄不能娶姑母的女儿。两式之中后一种比较更为普通。② 黑夷的婚姻制度就属于这一种。因为这种缘故，所以并行从表的称呼相同而交错从表的称呼不同；又因为他们

---

① 这里所用的材料采自高华年《昆明近郊的一种黑夷语研究》。
② 吕译《初民社会》，页32，原文 p.27。

不采取"掉换法"的配偶,反对"骨肉还家"(就是内侄娶姑母的女儿),所以妻的弟妹和娘舅的子女称呼相同而和姑母的子女截然不混。男方亲家称女方亲家作中表而女方亲家称男方亲家作姑表也是一样的道理。

这种婚配的方式分布很广,澳洲西部和挨尔湖(Lake Eyre)附近、美拉尼西亚(Melanesia)、菲济(Fiji)[2]都可以发现。南部亚洲也许能证明是这个制度最高发达的中心地,至少托达(Toda)[3]和维达(Vedda)人[4]中这种风俗已有详细叙述。印度和印度支那半岛各民族,如阿萨密(Assam)[5]地方的藏人密吉尔族(Mikir)[6]也有同样的制度。此外又见于苏门答腊(Sumatera)。西伯利亚的科里雅克(Koryak)人[7]、堪察达尔[8](Kamchadal)和通古斯(Tungus)人也合于此式。美洲英属哥伦比亚(Columbia)的北海岸,加利福尼亚(California)的中部以及尼加拉瓜(Nicaragua)等处也有关于这种风俗的报告。南美乞布察(Chibcha)人[9]的女子称呼丈夫和姑母的儿子用同一个字。南非、东非的好些地方,如霍屯督(Hottentot)人[10]、赫勒(Herero)人[11]、巴苏图(Basutos)人[12]和马孔德(Makonde)人[13]也以此为正规的婚配方式。①

在这种制度之下,一个人以娶母亲的兄弟的女儿为原则,那么娘舅就是他的丈人。所以在许多行此婚姻制度的民族里,娘舅和丈人往往用同一称呼。例如,在我所调查的三种滇缅边境族语里——山头(Kachin),茶山(A-chit),浪速

---

① 吕译《初民社会》,页33,原文 p.27。

(Maru)[14]——还有林耀华[15]所调查的凉山倮倮,便是这样:

	山头	茶山	浪速	凉山倮倮
舅父,岳父	kə˩tsat˦	juk˦p'ɔ˦	jauk˦p'ɔ˦	o gni
舅母,岳母	kə˩ni˦	juk˦mi˦	juak˦mi˦	gni gni

此外,菲济人和维达人也是如此。中国旧式的传统称谓,女婿也称岳父为"舅"而自称为"馆甥"。可是不巧得很,在上边所引用的那种黑夷语里却并不和这种称谓法完全符合。他们称呼父亲、岳父和公公同作 a˦ɤ˦,母、岳母和婆婆同作 a˦jiɛ˦;可是叫舅父作 a˦ɣɯ˦,舅母作 a˦ʤ˥,和岳父、岳母截然不混。[16]

这种从表婚制也颇不一致。像上文所举昆明黑夷的例和汉人很接近,但和同属一个部族的凉山倮倮却不相同。据林耀华所调查,"这种倮倮的交错从表婚是交互的,可是他们禁止并行从表间任何形式的婚姻"。所以"姨的子女和叔伯的子女称谓相同。他们都被认为同胞或 ma dzz gni mo,因此在他们相互间的婚姻是乱伦的"。他们的亲属称谓中,姑表兄弟 a bər zin 和舅表兄弟 o gni zin,姑表姊妹 a sa 和舅表姊妹 o gni a mi 固然各有分别,可是同时又有 o zie a sa 一个词可以作交错从表兄弟姊妹的总称。况且舅表兄弟、妻兄弟和双方男亲家的直接称谓都是 o zie,姑嫂和双方女亲家的直接称谓都是 a mĩ a sa,子媳、外甥女和内侄女的直接称谓都是

sa mo①:这都反映在凉山倮倮的社会里,交错从表婚是采取掉换法,并没有"骨肉还家"的禁忌,和昆明黑夷的婚姻制度不同。

另外还有两种值得注意的婚姻制度。一种是墨西哥所属的马匝特哥(Mazateco)[17]。在这种社会里,不论交错从表或并行从表都不准通婚。这种限制对于第二从表和第三从表一律适用。可是同姓的人,假如不是从表的就可以结婚。②他们的亲属称谓,堂兄弟和姑舅表兄弟 nøʔé、堂姊妹和姑舅表姊妹 ntičha 都没有交错从表和并行从表的区别,这种称谓是跟实际社会生活相应的。其次,在马来内西亚(Melanesia)[18]的特罗不连得群岛(Trobriand Islands)[19]的母系宗族里,有一个跟中国正相反的婚姻制度。这种民族受"族外婚律"(The law of clan exogamy)的限制,严格禁止和姨母的女儿结婚。他们认为同堂姊妹和姑表姊妹结婚是优先配偶;同舅表姊妹结婚虽然不严格禁止,却是很讨厌的。③

夫兄弟婚制(levirate)和妻姊妹婚制(sororate),也和姑舅表婚相同,有造出某种亲属称谓的趋势。Sapir 曾经指明它们的影响有两方面:一方面在两种婚制之下,伯父、叔父往往便变成继父,姨母也往往变成继母,用同一称谓来称呼是

---

① Lin Yueh-Hwa, Kinship system of the Lolo, *H. J. A. S.* IX, 2, June, 1946, pp. 94 - 99.

② Florence H. Cowan, Linguistic and Ethnological Aspects of Mazateco Kinship, *Southwestern Journal of Anthropology* Ⅲ, 3, 1947, pp. 252, 255, 256.

③ B. Malinowski, *The Sexual life of Savages*, London, 1932, (3rd edition), p. 82.

很自然的事情。倒过来说，兄弟的子女等于自己的继子继女；姊妹的子女也是如此。关于上述各点，Sapir 在华盛顿州南部的威希蓝（Wishram）族语[20]中都曾经找到实例。这两种婚俗在语言中显示它的影响还是第二个方法更有趣味。因为伯父、叔父也许将来承受母亲而处于父的地位，往往便直称为父，不加分别字样；为了同一理由，母之姊妹也直称为母。兄弟的子女也当做自己的子女一样称呼；姊妹的子女也当做自己的子女。还有男子既然常常娶妻之姊妹，那么把她们和妻用同一个字来称呼自然毫不足奇；女子对于丈夫和可能的丈夫（夫之兄弟）自然也可以只有一个称谓。加利福尼亚州西北部的雅希（Yahi）人[21]便直用这种称谓法。这种雅希式的亲族称谓法，在世界上分布颇广；夫兄弟婚制和妻姊妹婚制也都是到处流行的制度。在我们看起来像是谜样的一宗异事——就是说：一个人会有到一打的"父亲"和十二个"母亲"——它们都可供给一个满意的解释。①

　　我们在非洲的通加（Thonga）[22]还遇到过外甥或继子承袭寡妇，以及在密瓦克（Miwok）[23]男子可以娶妻兄弟的子女一类的事例。后一种风俗颇有意味，因为它颇影响于密瓦克的亲属称谓。照吉福德（Gifford）所说，至少有十二个称谓显示这种制度的影响。例如 wokli 一字非但指妻的兄弟姊妹，也用来指妻兄弟的子女。唯其因为有许多亲属称谓暗示这种婚制的存在，而没有一个称谓显露姑舅表婚的影响，所以

---

　　① B. Malinowski, *The Sexual Life of Savages*, London, 1932, (3rd ed.), p. 45, 原文 pp. 37-38。

吉福德才推论这个制度是密瓦克人的旧俗。①

可是专靠亲属称谓来推断婚姻制度也很危险。比方说，云南贡山的俅子(Trung)的亲属称谓有几点很特别。他们叫

叔父、姑父、舅父、岳父做 a↓ ke↓；

叔母、姑母、舅母、岳母做 a↓ ȵi↘；

姐姐、大姨做 ik┤ta↘ pʻo┤ma┤；

妹妹、小姨做 ik┤ta↘ pʻo┤ma┤ta↓ də↘。②

这在穿凿附会的民族学家岂不就可以当做"血族婚"（consanguine family）的遗迹吗？其实并不那样简单，我们不可不慎重。

莫尔根(Lewis H. Morgan)认为人类的婚姻的进化有三个阶段：第一阶段是完全杂交(promiscuity)，第二阶段是血族婚（consanguine family），第三阶段是群婚制（group marriage）。所谓"血族婚"就是兄弟姊妹互婚，但亲子之间已有限制。莫氏引以证明古昔兄弟姊妹互婚的事实是夏威夷人(Hawaiian)的亲属称谓法。他们的称谓法比通常在野蛮部族中所见的一式更简单。大多数初民部族很用心地分别母方亲属和父方亲属；夏威夷人不独不作此种分别，且以同一称呼包括同一辈的一切亲属，一概没有亲疏的分别。例如他们的 makua 一个称谓，既指双亲，亦包涵他们的兄弟姊妹，但加"男""女"等字样以示性别。莫尔根因而推论舅父、伯、

---

① 吕译《初民社会》，页46，原文 p.38。
② 见著者《贡山俅语初探》，北京大学文科研究所油印论文之三，1942年8月，昆明印行。

叔和父亲同一称谓，正因为在从前舅父本来就是伯叔父，也就是父亲，他们可以同样地亲近那些"母亲"，也就是他们的姊妹。同样，一个人的侄男女、外甥男女都称为子女，正因为他的姊妹就是他的妻，也就是他兄弟的妻。余可依此类推。莫尔根说，婚制尽可变迁，而反映婚制的亲属称谓却富有保守性，可以供给社会制度以古生物似的记录。①

库诺（Herr Cunow）对于莫尔根的逻辑已经列举出有力的驳议。他说："莫尔根只看见夏威夷称谓制的泛涵血亲（blood kindred）而没有注意他们的姻亲（relatives）和血亲（affinities）的分别。他们对于姻兄弟和姻姊妹各有名称，乃至丈夫的父母对妻的父母间的关系（亲家）也有一特殊的名称。倘若夏威夷亲属称谓代表血族婚制，那么这些称谓又有什么意义呢？兄弟姊妹既然通婚，那么我的妻的兄弟就是我的兄弟，她的父母就是我的父母，至少也是我的父母的同胞了。"②

可是莫尔根的根本错误在于误认土语中译作"父"的一个字在土人的心中等于"生我者"。他觉得夏威夷人不会将舅父称"父"，除非从前有一个时期舅父确与他的姊妹交合，因而是一个可能的"生我者"。但是这完全是证据的误解。其实，他们并不把舅父叫做父亲，乃是把舅父和父亲用同一的名称来称呼，而这个名词在我们语言里没有一个相等者。再说这种语言上的混同，一定以和同一女子媾合为基础，这

---

① 吕译《初民社会》，页68，原文 pp. 56-57。
② 吕译《初民社会》，页70，原文 p. 58。

是武断的假设，事实上会产生无意识的下文的。夏威夷称谓制的简单而正确的解释，是库诺的说法，它只是血缘亲属的辈分区别（the stratification of blood kindred by generation）。①

翻回来再谈俅子的亲属称谓问题。我们要知道他们虽然把叔父和岳父、姑父、舅父混同，把叔母和岳母、姑母、舅母混同，把姊妹和大小姨混同，可是下面几个亲属称谓却都独立不混的：

父 aˇ pǎiˇ　　　　　丈夫 ləŋˉlaˇ

母 aˇ maiˇ　　　　　妻 pʻo˧ma˧

儿子 aˇ tɕʻial˧　　　哥哥 ik˧laˇdə˧maŋ˧

侄子 aˇ laˇ　　　　　弟弟 ik˧laˇaˇdǎi˧

外甥 aˇ saŋˇ　　　　堂兄弟 aˇ uaŋˇaˇtɕʻial˧

照库诺对于莫尔根的驳议来推断，我们还不应该单靠前一节的几个混同的称谓便认为俅子曾有血族婚制的证据。[24]

总结本章所讨论，我们可以说，民族中的亲属称谓颇可作为研究初民社会里婚姻制度和家庭制度的佐证，不过，应用它的时候，得要仔细照顾到其他文化因素，以免陷于武断、谬误的推论。

注释

[1]　从表婚，"从"指父亲亲属。过去，汉族有姨表亲、舅表亲的习俗，姑表亲较少见。

---

①　前引书，页 70、71，原文 pp.58–59。

[2] "菲济",今作"斐济"。

[3] 托达人,印度少数民族,居住在马德拉斯的尼尔基里(Nilgili)山区,1978年时有约1000人。托达语属达罗毗荼语系。

[4] 维达人,旧译"吠陀人",斯里兰卡的古老民族,保留母系社会制残余。维达语属印度语族。

[5] 阿萨密,即现在印度东北部的阿萨姆邦,与中国、孟加拉、不丹为邻,人口2664万(2001年),首府迪斯布尔(Dispur),主体民族是阿萨姆人,操阿萨姆语,用孟加拉文,信奉印度教和伊斯兰教。

[6] 密吉尔族,亦称阿伦人,在四个地域性内婚部落,下分若干外婚集团,1978年时有23万人。密吉尔语属藏缅语系。

[7] 科里雅克人,分布在俄罗斯东北部,分养鹿游牧和沿海渔业两个集团,1979年时不到8000人。科里雅克语属古亚细亚语系楚克奇-堪察加语族。

[8] 堪察达尔人,即堪察加人,分布在俄罗斯东北部。

[9] 乞布察人,也叫穆伊斯卡人,拉丁美洲北部印第安人的一支,1978年时有27万人。其语言属乞布察语系。

[10] 霍屯督人,非洲南部部落集团,义为笨嘴笨舌者,是荷兰殖民者对当地人的贬称,自称科伊科因人(Khoikhoin),意思是"人中之人"。主要分布在博茨瓦纳和纳米比亚,2001年时有16万人。语言属科伊桑语系霍屯督语族。

[11] 赫勒人,又称赫雷罗人、奥瓦赫雷罗(Ovaherero)人,主要分布在非洲纳米比亚和安哥拉,2001年时有20万人。其语言属尼日尔-科尔多凡语系的尼日尔-刚果语族。

[12] 巴苏图人,亦称巴苏托人、苏托人。2001年时有40万人,主要分部在南非和莱索托,多信仰基督教。语言属尼日尔-科尔多凡语系尼日尔-刚果语族。

[13] 马孔德人,东非民族,班图人的一支。2001年时有190万人,主要分布在坦桑尼亚东南部和莫桑比克北部。语言属尼日尔-刚果语族。通用斯瓦西里语。

[14] 浪速,又称朗峨、勒期。浪速语,是景颇族浪速支系使用的语言,属藏缅语族缅语支。

[15] 林耀华(1910—2000),福建古田人,民族学家、社会学家,燕京大学社会学系硕士,美国哈佛大学人类学系博士,先后任云南大学、燕京大学、中央民族大学教授,民族研究所所长。曾赴四川大小凉山调查彝族奴隶社会。著有以小说体写的人类社会学著作《金翼》和《凉山彝家》等。

[16] 舅,指母亲的兄弟是基本用法。《尔雅·释亲》:"母之昆弟为舅。"舅指妻子的父亲的用例见于《三国志》的一条注释。该书刘备传说到汉献帝的"舅"董承,裴松之注说,董承是汉献帝的丈人,"盖古无丈人之名,故谓之舅也。"裴松之生活在东汉之后二百多年,这个时候有了称岳父的为"丈人"的说法,用来解释《三国志》里的"献帝舅"。《尔雅·释亲》有"妻之父为外舅"。《三国志》省去了"外"字,所以裴松之用他生活中的"丈人"来解释同义的"舅"。舅又指丈夫的父亲,《尔雅·释亲》:"妇称夫之父曰舅。"人们熟悉的用例是《礼记·檀弓》所记"苛政猛于虎"的故事:"昔者吾舅死于虎,吾夫又死焉,今吾子又死焉。""吾舅"就是我的公公。以上种种都是用于外姓人:舅家、岳父家、丈夫家,都与本主不同姓,古代十分讲究同姓不通婚。所以先秦天子还以"舅"称年长的异姓诸侯。汉贾谊《陈政事疏》总结说:"今自王、侯、三公之贵,皆天子之所改容而礼之也,古天子之所谓伯父伯舅也。"或者诸侯称年长的异姓大夫。《国语·晋语》记,晋惠公时,秦国侵略晋国,已经打到晋国西边的韩地,惠公问大臣庆郑说,秦国已经深入晋国内地,怎么办呢?庆郑说,

您跟秦国的仇怨深,秦国能不深入晋国内地吗?可我不知道该怎么办,您问别人吧。惠公说:"舅所病也!""病"的意思是指对方回答不恰当。庆郑在晋国属年长的大夫,惠公以"舅"称呼庆郑。三国吴韦昭注:"诸侯称异姓大夫曰舅。"明清小说戏曲以及现实生活中,指妻子的兄、弟为大舅子、小舅子,无不以不同姓氏为前提。既称丈夫的父亲为舅,相应的,也称丈夫的母亲为姑。这跟中国古代,特别是先秦的习俗有关。《穀梁传·桓公三年》记:"礼,送女,父不下堂,母不出祭门……父戒之曰:'谨慎从尔舅之言。'母戒之曰:'谨慎从尔姑之言。'"那时候比较讲究"回嫁"。比方某张姓男子的妹妹嫁与李家,李张氏所生的女儿嫁给张家舅舅的儿子,这样,公公同时又是舅舅;如果张家的女儿嫁给她姑母的儿子,婆婆又是姑姑,直至近代,一些地方还讲究亲上加亲。

[17] 马匝特哥人,现在拉丁字母写作 Masatecs,1978 年时有 15 万人。其语言属奥托-曼格罗语系。

[18] 马来内西亚,即 110 页的美拉尼西亚。

[19] 特罗不连得群岛,今称基里维纳群岛(Kiriwina Islands),在巴布亚新几内亚珊瑚群岛中。

[20] 威希蓝人,生活在美国华盛顿州克利基塔特哥伦比亚河北岸,自称 Tlaklait 人,操奇努克语,以捕鲑鱼为生,1960 年时尚有 125 人。

[21] 雅希人,是操霍坎(Hokan)语系的印第安人的一支,生活在美国加利福尼亚州萨克拉门多皮特河一带,最后一个名叫 Ishi 的雅希人于 1906 年死去。

[22] 通加人,非洲南部的民族,班图人的一支。2001 年时有 183 万人,分布在赞比亚和津巴布韦。语言属尼日尔-刚果语族。

[23] 密瓦克人,北美印第安人的一支,分布在美国加利福尼亚州,

1970年时与迈杜人(Maidus)合计有2500多人。其语言属佩努蒂亚语系。

[24] 张桥贵《独龙族文化史》(云南民族出版社,2000)论及独龙族的婚姻状态时称:"在固定的开婚集团中,甲氏族的几个兄弟可以与乙氏族的几个姊妹同时或先后结成配偶关系。但乙氏族的男子则不能娶甲氏族的女子为妻,而只能娶丙氏族的女子为妻,有效地防止了血统倒流,从而形成了环状的外婚集团",又说,"血水不能倒流的限制是十分严格的"。

第八章 总　　结

　　从第二章到第七章是本书的基本内容,这显然不能赅括语言与文化的所有问题,只是挑出一些常见的例子,贯串起来,略加说明罢了。下面所提出的几条结论也不过是总括那几章里的材料归纳出来的:

　　第一,语言是社会组织的产物,是跟着社会发展的进程而演变的,所以应该看做社会意识形态的一种。例如 fee 字的历史反映着畜牧社会把牲口当做财产(页 5);t'łeł 字从"火钻"转变成"火柴",反映着阿他巴斯干族有过"钻燧取火"的生活(页 10)。高黎贡山的俅子和北美印第安的怒特迦族都把结婚叫做"买女人"(页 16,19),尽管现在的社会风俗已经变迁,终究掩饰不了买卖婚姻的遗迹。《说文》里从贝的字都和钱币有关,足征在"秦废贝行钱"以前,曾经有过"货贝而宝龟"的货币制度(页 10)。由此可见,一个时代的客观社会生活,决定了那个时代的语言内容;也可以说,语言的内容在在足以反映出某一时代社会生活的各面影。社会的现象,由经济生活到全部社会意识,都沉淀在语言里面。马尔[1](Nicholai Yakovlevitch Marr, 1864—1934)一派的耶费梯(Yafety)语言学特别重视语义的(semantic)研究,就因为语义的转变是跟着社会环境和经济条件起的,是动的而不是静止的。①[1]所以语义发展史实在跟社会生活演变史分不开。

第二,语言不是孤立的,而是和多方面联系的。任何社会现象都不能和别的现象绝缘而独立存在或发展。各现象间必得彼此关联,交互影响,才能朝着一定的途径向前推进。语言既然是社会组织的产物,当然也不能超越这个规律。所以语言学的研究万不能抱残守缺地局限在语言本身的资料以内,必须要扩大研究范围,让语言现象跟其他社会现象和意识联系起来,才能格外发挥语言的功能,阐扬语言学的原理。上面六章所根据的材料非但不限于传统的方言,而且不限于大汉族主义的"国语"。我所采取的例子尽量想赅括古今中外的各方面,尤其侧重国内少数民族和国外文化比较落后的民族的口语。从语言和某一民族或某些民族间的联系,往往叫咱们对于较早的人口分布和迁徙得到有价值的启示(页 65—80);并且从语言所反映出来的文化因素显然对于文化本身的透视有很大帮助。本书讨论借字一章(页 24—58)材料比较多,篇幅也比较长。从公元 1 世纪到 20 世纪,汉语和其他语言间的彼此关联,交互影响,在这一章里可以找到不少的例子。马尔曾经说:"没有交配过的(unhybridized)语言完全不存在。"②在汉语一方面,咱们从这一章已经得到了初步证明;要想做进一步的研究,还得扩大汉语借词和贷词的探讨,并且按年代排比起来,用历史唯物论的观点去推寻

---

① 早川二郎译的《考古学概论》附录《セベテ言語学》,昭和十年(1936),页 271—294。

② 《セベテ言語学》,页 282。

它们跟各方面文化的联系。这种研究是跟中西交通史分不开的。在其他各章里，咱们也发现了语言跟地理学（页64—80）、姓氏学（页88—101）、人类学（页107—116）都有实质的密切关系。咱们如果能够应用语言和各方面的联系去研究历史或社会现象，在分析具体事物的条件、时间和地点的时候，更可增加一些把握。

第三，语言的材料可以帮助考订文化因素的年代。语言，像文化一样，是由不同年代的各种因素组合成的。其中有些因素可以推溯到荒渺难稽的过去，另外一些因素不过是由昨天的发展或需要才产生的。假如咱们现在能够把文化变迁和语言变迁的关系安排好了，咱们对于文化因素的相对年代就可以估量出来。至于所估量的含混或明确，得要按照特别的情况来决定。照这个法子，语言为解明文化的次第给咱们一种"累积的基层"(stratified matrix)；它对于文化历史的关系，粗略地说，就像地质学对于古生物学似的。[1] 耶费梯语言学也极重视语言学上的古生物学分析方法，它把语言发展的各阶段和社会经济构成的各阶段联系起来。[2] 这种新的研究方向已经不像印欧语言学那样专就静止的语言现象去比较它们的构成形式了。本书里并没讨论到怎样获得语言的透视，怎样指出语言因素的年代早晚和怎样构拟较早的读音等问题。不过，在我所举的例子里，像"师子"（页25—26）、

---

[1] Edward Sapir, *Time Perspective in Aboriginal American Culture*, pp. 51-54.

[2] 《セベテ言語学》，页286—291。

"师比"(页 26—29)、"璧流离"(页 29—30)、"葡萄"(页 30—31)、"苜蓿"(页 31—32)反映着汉代或汉代以前的文化交流;"没药"和"胡卢巴"(页 33)却直到 10—11 世纪才见于中国的记载:这一类的文化层次是很显然的。同在一种语言里,像西藏语的借字"滑石"和"玉石",前一个"石"字有-k 尾,后一个没有(页 43);"铗子"和"鸭子","铗"字有-p 尾,"鸭"字没有(页 44):这也很清楚地表现它们从汉语借入藏语的年代前后不同。以上这些例子都可以说明语言材料对于考订文化年代的帮助。语言文字在社会发展史上的重要性,列昂节夫也曾经说过:"我们关于原始社会的知识之宝贵材料是语言:有许多文字是由远古传来的。"[①]不过,咱们得要注意,语言的变迁比文化的变迁慢得多,文字的变迁比语言更慢。有些文化因素早已变了,可是它的蜕形却仍旧在语言文字里保存着。咱们考订文化年代的时候,不单要把它们的层次顺序分别清楚,还得认识语言的年代一般地要比文化的年代晚一点儿。本书曾经引用了一些《说文》里的例字去推究社会形态(页 10—12),这些文字虽然都是汉代才结集起来的,可是它们并不都是汉代造的,所代表的意识也不全是汉代的社会形态。咱们固然不能根据《说文》里的"斩"字就断定汉代还通行车裂的惨刑[②],同时也不能根据甲骨文的"臣""奚"等字就断定奴隶社会到殷代才开始。应用语言文字来考证历史,最

---

① 解放社本《社会发展简史》页 7 引《政治经济学讲话》第二章。
② 《后汉书》宦官《吕强传》:"上疏陈事曰:'……(曹)节等……放毒人物,疾妒忠良,有赵高之祸,未被辕裂之诛……'"云云,只是文字上的夸饰,不能作车裂惨刑仍旧通行的证据。

要紧的还是联系当时社会的其他情况。例如,殷代的礼制有新旧两派,旧派笃守成规,以武丁[2]为代表;新派提倡革新,以祖甲为代表。就贞卜制度来说:"卜行止,记每日王所经过的行程,只见于新派;而卜告,卜晕,卜旬,卜求年,受年,卜日月食,卜梦,生育,疾病,有子,死亡,求雨,求启各事,则只见于旧派,新派是很少见的。……这都可以看出他们两派对于人事和自然界的现象,观念并不相同。反之,因为旧派卜贞事项的繁夥,却给我们留下更多的史实。因为武丁好卜王后的生育、王子的疾病等等,使我们多知道些他们的妇、子之名。可是我们即使知道了武丁是多妇多子的,却不能说这是武丁一人如此,或者说到了他才实行多妻制。这很明白,新派不见得不是同样的多妇多子,只不过是'不占而已矣'。知道了两派卜事的不同,对于旧派的卜事,我们就应认为这是殷代的一般现象,偶然遗留下来了,并不是一时一王的特殊现象。"①这种观点是用语言文字考证历史的人们所应该掌握的。

第四,文化变迁有时也会影响语音或语形。本书第一章里说:"本编的企图想从语词的涵义讨论语言和文化的关系。其中涉及语义学一方面较多,很少牵涉到语音学和语法学两方面。"可是事实上还不能完全摆脱干净。在讨论借字时,咱们曾经引用法语 camouflage 和 rouge 两个字借到英语后的语音改变(页 40—41),同样在汉语的纯译音借字一项(页 34—35)也有类似的现象。另外像音兼义和音加义的借字

---

① 董作宾《殷墟文字甲编》自序,页 10—11,《中国考古报告集》之二《小屯》第 2 本,1948。

（页 35）、新谐声字（页 36）和描写词（页 36—37）等项，也都可以说明汉语在接触外来文化后还尽量使借字构造国语化。这一类的例子在别种语言里还多得很。比方说，北美印第安的米诺美尼族（Minomini）[3]的语言没有浊塞音，也没有颤音或边音，所以他们把英语的 automobile"汽车"转读成[atamoːpen]。菲律宾的塔戛劳格族（Tagalog）的语言[4]没[f]音，所以他们把西班牙语的 fiesta"庆祝"转读成[pi'jesta]。① 英语的 tuchun"督军"，Shanghai"上海"，chin-chin"请请"之类是从汉语借过去的（页 53—57），可是 tuchunate"督军制"，tuchunism"督军主义"，to be shanghaied（页 53）和 chin-chins（页 56—57）的文法结构却已经英语化了。还有法语的 rouge（红，红色）本来只有形容词和名词两种用法，可是借到英语以后，却新产生了"to rouge"（擦胭脂）和"She is rouging her face"（她正往脸上擦胭脂）②一类的句子，其中的动词用法是原来所没有的。以上这些例子都是说明本地的语音和语法往往影响外来的借字。反过来说，一种语言接触外来文化后，能不能使本地的语义、语音、语法发生变化呢？这当然是可能的。关于语义一方面，本书里已经举了一些例子，在这儿咱们还可以补充几个更有趣味的。北美印第安那洼和（Navaho）语现在管"马"叫做ɬí?，可是从比较证据和分析那洼和语的某些复词，发现了这个词原来只有"狗"的意义。因为在没有接触欧洲文化以前，狗是那洼和人的唯一家畜，所以

---

① L. Bloomfield, *Language*, p. 446.
② 同上书, p. 453.

马从欧洲输入以后,本地人就不免指"马"为"狗"了。同样,那洼和语 bé·š,从前只有"打火石"[5](flint)的意思,现在却变成"金属"(metal):这也是接触欧洲文化的影响。由这两个词的新意义孳衍出来的新复合词 ɬíʔɣét(马鞍,-ɣét"负担")和 bé·šéàˑʔ(铁吊桶,-éàˑʔ"篮子"),如果照 ɬíʔ 和 bé·š 的本义来讲就不成词,而且根本不能构成这种复合形式。还有现代那洼和语叫玉蜀黍[6]做 nàˑdą́ˑʔ,从民族学上的证据,咱们知道,玉蜀黍这种农产物是那洼和族近来才从他的邻近世仇培补罗族(Pueblo)[7]得到的。语言的分析和比较研究也可以证实这个结论。nàˑdą́ˑʔ这个字的语源,现在说那洼和语的人们并不知道,它是从 nàˑ-"仇人"和-dą́ˑʔ"食物"复合成的。历史已经说明了,nàˑdą́ˑʔ直译的意思就是"仇人的食物"。①

　　文化变迁对于本地语音的影响固然不像语义那样多,可是咱们还可以找到一些例子来说明。在北美印第安阿佩其族(Apache)[8]的起立迦华土语(Chiricahua)[9]里,l 或 ž 两个音只发现在中间和末尾的位置。于是当起立迦华人从西班牙借入 lôco"疯狂"和 rico"有钱"两个字的时候,却转读成 lôˑgò 和 žiˑgò,于是 l 或 ž 都得到用在字头儿的新位置了。除去这两个字以外,从它们孳生出来的复合词也都有同样的语音变化。不单如此,因为 l 或 ž 出现在字头,对于起立迦华语的语音平衡(phonetic equilibrium)也微微地起了扰乱。有些音在本地语词里从来不会出现在 l 或 ž 后边的,自从和这种

---

① Harry Hoijer, Linguistic and Cultural Change, *Language*, XXIV, No.4, pp.341,343,1948.

文化接触后，新的语音结构也变成可能的了。① 广西龙州土语[10]里有很多的词是一个台语本系字加一个汉语借字：如"日子"van˨ tɕi˦，"日"是台语，"子"是汉语，"竹竿"tɕu˨ ɖa:u˦，"竹"是官话，"竿"是台语；又如 mi˦ ɕai˦"不用"，mi˦是台语，ɕai˦(使)是粤语等。② 这也可以算做文化和语音交互影响的一个例。

当一种语法附加成分（affix）在外来语词里出现很多的时候，它可以扩充新结构到本地材料上去。例如，英语 agreeable"快意的"，excusable"可饶恕的"，variable"易变的"一类字的词干和词尾-able 是从拉丁-法语（Latin-French）来的，可是在由它扩充而成的 bearable"可忍的"，eatable"可吃的"，drinkable"可喝的"几个字里的基本动词却是本地的。另外还有一些法语词尾和地道英语基本动词结合的例子，就是 breakage"破损"，hindrance"障碍物"，murderous"谋杀的"，bakery"面包房"等等。又如，拿-er 当做"主动者"（agent）词尾，是在日耳曼语普遍出现的。在西班牙语里也有类似的例子，像 banco"银行"，banquero"银行家"。后来这个词尾又扩充到塔戛劳格语里去，例如['si:paʔ]"足球"，[si'pe:ro]"足球员"；后一个词是和本地来源的 [ma:ni'ni:paʔ]"足球员"并存的。③ 这些例子都可以作文化变迁影响语形的说明。

---

① Harry Hoijer, Linguistic and Cultural Change, *Language*, XXIV, No. 4, p. 343, 1948.

② 李方桂《龙州土语》，页 36，1940。

③ L. Bloomfield, *Language*, pp. 545, 455.

* * * * * *

  作完总结以后,我深感觉这本书的缺点很多。最显著的是文字和内容还不能使一般大众完全了解;其次是书里所举的中国例子数量还不够多。至于观点和方法也还有些可以商量的地方。不过著者却自信这本小书对于中国语言学的新路已经把路基初步地铺起来了。假如咱们要求进一步的发展,那么我现在郑重地建议:凡是对于建设中国新语言学有志趣的人们应该集体地注意下面三件事:

  第一,对于语义的研究,咱们不应该再墨守传统的训诂学方法;应该知道词义不能离开上下文而孤立,词书或字典里的解释是不可靠的;应该用古生物学的方法分析各时代词义演变的"累积基层";应该用历史唯物论的方法推究词义死亡、转变、新生的社会背景和经济条件。取材的范围不可再存"雅""俗"的偏见,自经籍子史、词书、专集、语录、笔记、小说、戏曲、传奇,以至于民间谣谚、大众文艺都应该广泛地搜集。研究的方法,一方面要由上而下地从经籍递推到大众口语,另一方面还得根据大众的词汇逆溯到它们的最初来源:照这样就可以把古今雅俗的材料一切都联系起来了。这种工作一个人做固然非常繁重,要是有计划、有步骤地集体进行,我敢保证它可以胜利完成的。

  第二,对于现代方言的研究已往二十多年来太偏重语音一方面了。现在要想建立拼音文字的新方案固然还得先要把各地方音系统弄清楚,可是咱们要和第一个建议配合,特别得着重词汇的搜集和研究。这种工作的进行,首先要注意每个常用词汇在各地人民嘴里的活方言有什么异同。比方说:"饮""食"两个词在北京话里已经死亡了,可是在广东话里还活着;古汉语"寻""怎""甚"的-m尾和"眨"的-p尾,现代北京人没有承认它们存在的,可是口语[11]里的[ɕyɛ˧məʔ˙]、"怎么"、"甚么"和"眨巴"还照样流行着;关于"房"和"屋"的大小,为什么南方和北方不同?关于嗅觉的语词为什么有的地方叫"听",有的地方叫"闻"?同是一种黑颜色,在各地方言里却有"黑""乌""玄"的叫法;同是一个"青"字,在各地方言里却有的代表蓝色,有的代表黑色。诸如此类,不胜逐一列举。咱们要想中国语言的统一,必须先从分析这些矛盾开始。其次咱们得深入各行业、各阶层的里面分头调查他们的惯用语,并编成分类词汇。凡是曾经学过外国语文的人们大概总该知道他们各行业或各阶层间都各自有一套丰富的词汇。比方说,农民有农民的惯用语,工人有工人的惯用语;打猎的有打猎的词头儿,开矿的有开矿的术语;汽车司机的行话和海上水手不同,青年学生的打诨竟使一班老头子瞠目。可是这些全是活鲜鲜的词汇,并不是备而不用的死语。中国的各行业和各阶层里何尝没有这一类的词汇呢?只是任它们自生自灭,语言学家不加搜集,文学家不能应用;一方面委弃宝藏,一方面感觉贫乏,这够多么不经济!毛泽东说:我们的文艺工作者以前对于自己所描写的对象,"语言不懂。你们是知识分子的言语,他们是人民大众的言语。我曾经说过,许多同志爱说'大众化',但是什么叫大众化呢?就是我们的文艺工作者自己的思想情绪应与工农兵大众的思想情绪打成一片。而要想打成一片,应从学习群众的言语开始,如果连群众的言语都不懂,还讲什么文艺创造呢?"①我觉得关于这一点,语言学家的任务比文艺工作者格外重要。如果大家联合起来,照我所提议的办法做一番工夫,那么语言学家研究的结果,可以供文艺工作者的取材;文艺工作者扩充词汇的范围,也可以鼓励语言学家更作进一步的探索。这样相因相成,彼此就都因为联系而得到发展了。

关于语法的研究,以前的成绩也是不够好的。《马氏文通》的方法固然受到"拉丁文法汉证"的讥评,可是一般研究国语文法的,除去一两部较好的著作,也还不免"拉丁文法今证"的缺陷。至于各地方言的语法研究,那简直还没起头儿呢!咱们现在应该严格使用描写语言学的方法来分析现代中国语的结构,必须一空依傍,完全拿人民大众的口语作根据,然后才能得到活语言的正确语法。等到现代语法有了头绪,才能本着历史观点,用同样的描写方法,去分析以前各时代的古文法。这两种工作是不能混起来同时并进的。

第三,咱们应该认识研究国内少数民族语言的重要性。对于国内少数民族语言的研究,中国学者们一向不大注意,西洋学者们也不像研究印欧语那样热心。专就汉藏系语言(Sino-Tibetan family)来说,第一部关于汉藏语比较研究的论著(B. J. Leyden, On the Languages and Literature of Indo-Chinese Nations, *Asia Researches*, X, 1808)在 19 世纪初年就发表了,和它同时发表的印欧语论著(A. Friedrich

---

① 《在延安文艺座谈会上的讲话》,《毛泽东选集》伍,九九[晋察冀新华书店 1947 年本]。

Schlegel, *Über die Sprache und Weisheit der Indien*, 1808) 来对照, 在两系语言的初期比较研究中都占重要的位置。为什么在 19 世纪中, 印欧语言学有长足的进步, 而汉藏语言学相形落后呢? 主要的原因有下面几项:(1) 从前真正对于这一系语言作研究的是西洋人, 中国学者不单对于这种学问一向不感兴趣, 而且也没有准备。欧洲学者专去研究汉藏语的究竟不能跟他们研究印欧语的人数比。(2) 欧洲人研究汉藏语的也没有充分准备。一大部分的工作还是传教士做的。他们的贡献不能算不大, 但是一个传教士往往在一个地方住一二十年, 结果只能给我们一点可宝贵的材料, 如字典等。若让他们做科学的语言工作, 那就未免太苛求了。(3) 研究汉藏语的西洋学者往往有别的主要兴趣, 语言反是次等兴趣。例如劳佛(B. Laufer)的主要兴趣在文化传播上, 伯希和(P. Pelliot)的主要兴趣在历史上。(4) 还有一个缺点就是专门做语言工作的人志愿太广泛, 他们不肯精密地研究一种语言, 却同时兼顾好些语言作浅尝的摸索。(5) 最后一个原因是许多汉藏系语言没有文字的记载, 要想得到这些材料必须实际调查。而这种实际调查必须是受过严格语音学训练的人才能办得到的。有以上这些原因, 难怪汉藏系的语言研究不能进步了。对于国内其他少数民族的语言研究跟汉藏语也有类似的情况。

自从抗日战争发生以后, 有几个大学和学术机关搬到西南后方的川、滇、黔几省。一向从事语言研究工作的人们亲自接触了许多不同语言的少数民族, 不由得鼓励起浓厚的调查研究的兴趣, 他们拿科学的语言学方法做工具, 在极艰苦的物质条件下也曾得到一些初步的成绩(参看附录四《语言学在云南》),比起西洋传教士所做的已经迈进了一步。现在各大学和各学术机关已经恢复它们的原有岗位了,各项研究工作也在中华人民共和国共同纲领的文化教育政策下逐渐地恢复发展起来了。那么,咱们对于国内少数民族语言的研究有没有继续的必要呢?我觉得咱们不单要赶快恢复,而且要求相当的发展。简单说起来,有以下两个理由:

(1) 从学术上看,少数民族语言里存在着许多过去文化的"累积的基层"(例见上文),便于咱们应用古生物学的分析方法去认识社会发展的程序。尤其是那些没有文字记载的口语保存了更多大众语言的意识和形式。马尔既然能应用高加索少数民族语言建立了唯物论的耶费梯语言学,咱们为什么不能根据国内少数民族的语言建立中国的新语言学呢?专就古汉语的比较研究来说,国内少数民族的语言也有很大帮助。比方说,北京话的"风"字和四川一种倮保方言的brum(风),乍看起来,毫不相干。可是咱们得知道"风"从"凡"得声,古音应有闭口的-m尾,又古无轻唇音,它的声母应该是p-,所以"风"字较古的读音应拟作*pium。再说从"风"得声的"岚",现在的广州话还读作lam。这个例子一方面可以证明"风"字是闭口韵,一方面又可以看出它的声母有从复辅音*pl-变来的可能。这样一来,就可以把"风"字的上古音拟作*plum,那么它和brum岂不发生密切联系了么?如果再拿孙穆《鸡林类事》[12]"风曰孛缆"记载作旁证,这个比较大概不会太牵强。又如北京话的"孔"字和泰语的klong"圆筒",kloang"空,有洞",表面上也各不相涉,但是如果你知道

《宋景文笔记》[13]有"孔曰窟笼"一条俗语,你就不嫌把它们联系得太唐突了。此外像"平"字泰语作 plieng,"兼"字泰语作 klem,"变"字泰语作 plien,也都是比较研究的好例子。说到实用一方面,如果咱们想把没有文字的族语系统地记录下来,势必得有一套划一的拼音文字。现有的拉丁化新文字是否够用,应该怎样补充,也非得先把各种族语作一番科学的调查,然后才能解决。由此可见,现在对于国内少数民族语言的研究无论如何是不该踌躇不前的。

(2) 撇开学术来谈政治,少数民族语言研究也是同样重要的。咱们要想团结国内少数民族,首先就得学习他们的语言。斯大林说:"少数民族并不是不满意于缺乏民族联盟,而是不满意于缺乏本族语言使用权。当他们一旦拥有本族语言使用权时,这种不满就会自然消失下去了。"①毛泽东也说:"中国共产党人应当积极地帮助各少数民族的广大人民群众,包括一切联系民众的领袖在内,争取他们在政治上、经济上、文化上的解放与发展,并成立拥护民众利益的少数民族自己的军队。他们的言语、文字、风俗、习惯及宗教信仰,应被尊重。"②这种政策并且明白规定在中华人民共和国的《共同纲领》里头(第五十三条)。咱们要想实现这种政策,首先就得训练一批通晓少数民族语言的人才,然后才能帮助他们提高文化和政治的水平。因为只有把比较落后的民族和部族吸入更高文化的总轨道,才能解决少数民族问题,而沟通

---

① 《马克思主义与民族问题》,莫斯科外国文书籍出版局本,页80。
② 《论联合政府》,解放社本,页90。

语言就是把落后民族"吸入更高文化的总轨道"的重要武器。再以反帝、反侵略的观点来说,咱们尤其应该认识研究少数民族语言的重要。我国从前对于少数民族问题一向是忽略的,可是有侵略野心的帝国主义国家却早就着眼到这一点了。单就语言来说,像西藏、缅甸、摆夷等语言的字典和文法,在几十年前外国人早就编得好好的了,甚至于连没有文字的山头语和傈僳语,外国传教士也各自替它们制定了一套罗马字。有了语言的工具以后,帝国主义者就可以传教、通商,就可以阴谋同化,就可以让咱们的边疆民族供他们驱使。第二次世界大战欧洲战场的英国军队里就有咱们勇猛善战的山头人在内。1943年春天,我在大理认识两位片马的茶山朋友。他们曾经在缅甸的密支那和瓦城[14]受过八九年英国式的中小学校教育,精通缅语,略懂英文,而对于汉语却只能说几句似通非通的泸水方言。他们知道恺撒、查理曼、拿破仑、利温斯顿、维多利亚、乔治、丘吉尔,而不知道秦始皇、汉武帝、唐太宗、赵匡胤、朱元璋、孙中山、毛泽东。有一次,他们听我讲了一段春秋时代的故事,很诧异地问我道:"中华民国只有三十二年,你为什么说到几千年以前呢?"但是我带他们到昆明以后,我渐渐懂得他们的族语,他们也能讲五六成汉语了,他们渐渐对于中国认识清楚,也懂得当时全面抗战的意义和使命了。这样和我在一起住了两个半月,不单我获得了丰富的语言材料,他们回到家乡去也做了很好的军事向导。还有,在抗日战争开始以后,日本人就想抄袭希特勒的办法,利用语言政策来分化我国滇、黔、桂三省里的摆夷、壮人、吕人、水家、羊黄、仲家[15]等说台语的少数民族。后来有人到云南省路南县的石林去旅行,曾经听见一个本地人说,他是一千多年前从泰国搬过来的。这种毒素的传播比敌人撒布霍乱疫苗还可怕万分!咱们要想防止帝国主义的侵略野心,帮助少数民族加入更高文化的总轨道,先应从学习他们的语言着手。

最后,我希望全国的语言工作者结合起来,批判地接受我的三个建议,有步骤、有计划地为建设中国新语言学而共同努力!

注释

[1] 马尔(1864—1934),俄罗斯－苏联著名语言学家,先后任彼得堡大学、列宁格勒大学教授,相继为俄罗斯科学院、苏联科学院院士,在高加索语言研究方面颇有成就,他把闪语(Semitic)族、含语(Hamitic)族和高加索语(Caucasian)族(又叫雅弗语[Yaphtic])合称为挪亚(Noetic)语系,因为《圣经》说,挪亚有三个儿子,即闪、含和雅弗。他提倡的"语言新学说",认为语言是上层建筑,有阶级性,在20世纪三四十年代苏联语言学界有较大影响。中国学者缪灵珠曾著《苏联新语言学》(天下图书公司,1950),予以系统介绍。1950年,斯大林在《马克思主义与语言学问题》中,批判了语言是上层建筑,语言有阶级性的观点。此后,马尔长期成为苏联、中国等国家语言学界的反面典型。

[2] 武丁,商朝第23代国王,公元前1250至前1152年在位,先后对北方的土方、鬼方,西方的羌,东方的夷,南方的虎方用兵,扩张土地,巩固统治。死后尊为高宗。是商朝中兴之主。祖甲,商朝第25代国王,武丁子祖庚之弟。

[3] 米诺美尼人,生活在美国威斯康星州保留地。其语言属阿尔冈

基亚语系,1976 年时有 4300 人。

[4] 塔戞劳格语,又作他加禄语。

[5] 现在城里人说"打火",大多是指打开煤气灶的开关,烟民则当然是开打火机点燃香烟。20 世纪三四十年代,北方乡村一部分人还用火链取火,点燃旱烟。

[6] 玉蜀黍,高粱古称"蜀黍",晋张华《博物志》卷四:"《庄子》曰:地三年种蜀黍,其后七年多蛇。"外来之玉蜀黍,外形、习性均与高粱不同,以籽粒外形似某种玉而称"玉蜀黍",与"蜀黍"别之。北方一些地方管玉蜀黍叫"玉䅟黍",高粱叫"䅟黍",而"䅟黍"是原有的名称,也是在原有的名称上加"玉"加以区别。

[7] 培补罗族,又译贝勃罗族、普韦布洛族,生活在美国西南部,1970 年时有 3 万人。操属阿兹台克-塔诺安语系和佩努蒂亚语系的多种语言。

[8] 阿佩其族,主要分布在美国亚利桑那州和新墨西哥州,1970 年时不到 23000 人。其语言属纳-德内语系阿塔帕斯卡语族。

[9] 起立迦华语,又作奇里卡华语,属纳-德内语系阿塔帕斯卡语族。

[10] 龙州土语,指壮语龙州方言。龙州,广西状族自治区县名,唐朝设置龙州,1913 年改为龙州县,1937 年改名为龙津县,1952 年,上金县并入而改称丽江县,1953 年又改龙津县,1961 年复称龙州县。

[11] 口语,俞敏(1916—1995)发表于 1945 年《燕京学报》第 36 期的《评 Forrest 著 The Chinese Languige》,作者根据细而不是太长的物体类别词应该是"根儿"或者"条"的习惯,向 20 名地道的北京人调查:"一条尾巴"还是"一根儿尾巴",结果 19 个人都是说"一个尾巴"。

[12] 《鸡林类事》,北宋末年,孙穆出使高丽期间所记朝鲜风土、语言的著作,共 356 条。"鸡林"是朝鲜半岛新罗国的古称。作者孙

穆,事迹不详。

[13] 《宋景文笔记》,宋代宋祁(998—1061)撰,三卷。卷上释俗,卷中考古,卷下杂说。宋祁字子京,书又名《宋子京笔记》。宋祁官至工部尚书,另有《益部方物略记》等。

[14] 瓦城,即曼德勒,缅甸第二大城市,曼德勒省的首府,缅甸华人称"瓦城"。

[15] 吕人,疑即虑人(拉丁字母作 Lu,斯拉夫字母作 Лю),主要生活在越南西北部莱州省,是当地的古老民族,1973 年时有 1300 人,虑语属汉藏语系壮侗语族。

水家,即水族。

羊黄,今作佯僙,贵州黔东南布依族苗族自治州平塘县等地自称"咱们的人"者所操的语言。佯僙属壮侗语族侗水语支。1982 年时有 3 万多人。

仲家,布依族的旧称。

附录一　论藏缅族的父子连名制[①]
——敬以此文哀悼陶云逵先生

在解释什么叫做"父子连名制"以前,让我先讲一个故事:

在文康所作的《儿女英雄传》第三十三回里,安家的那位舅太太讥讽安老爷好引经据典地转文,曾经说了一个下象棋请人支着儿的故事,原文说:

有这么一个人下得一盘稀臭的象棋,见棋就下,每下必输;没奈何请了一位下高棋的跟着他在旁边支着儿。那下高棋的先嘱咐他说,支着儿容易,只不好当着人说出来,直等你下到要紧的地方儿,我只说一句哑谜儿,你依了我的话走,再不得输了。这下臭棋的大乐,两个人一同到棋局,和人下了一盘。他这边才支上左边的士,那家儿就安了当头炮;他又把左边的象垫上,那家又在他右士角里安了个车。下来下去,人家的马也过了河了,再一步就要打他的挂角将。他看

[①] 这篇文章初稿原在南开大学《边疆人文》第 1 卷第 3、4 期合刊发表(1944 年 3 月),后来续作《再论藏缅族的父子连名制》,在《边政公论》第 3 卷第 9 期发表(1944 年 9 月),《三论藏缅族的父子连名制》,在《边疆人文》第 2 卷第 1、2 期合刊发表(1944 年 12 月)。这段附录是综合以上三篇文章重订汇成的。

了看士是支不起来,老将儿是躲不出去,一时没了主意,只望着那支着儿的。但听支着儿的说道:"一杆长枪";一连说了几遍,他没懂,又输了。回来就埋怨那个支着儿的。那人说:"我支了那样一个高着儿,你不听我的话,怎的倒怨我?"他说:"你何曾支着儿来着?"那人说:"难道方才我没叫你走那步马么?"他说:"何曾有这话?"那人急了,说道:

"你岂不闻一杆长枪通天彻地,
地下无人事不成,
城里大姐去烧香,
乡里娘,
娘长爷短,
短长捷径,
敬德打朝,
朝天镫,
镫里藏身,
身清白,
白面潘安,
安安送米,
米面油盐,
阎王要请吕洞宾,
宾鸿捎书雁南飞,
飞虎刘庆。
庆八十。
十个麻子九个俏,
俏冤家,

家家观世音，

因风吹火，

火烧战船，

船头借箭，

箭箭射狼牙，

牙床上睡着个小妖精，

精灵古怪，

怪头怪脑，

恼恨仇人太不良，

梁山泊上众弟兄，

兄宽弟忍，

忍心害理，

理应如此，

此房出租，

出租的那所房子后院种着棵枇杷树，

枇杷树的叶子像个驴耳朵。

是个驴子就能下马。

你要早听了我的话，把左手闲着的那个马别着象眼，垫上那个挂角将，到底对那个一步棋，怎的就输呢！你明白了没有？"

那个臭棋的低头想了半天，说："明白可明白了；我宁可输了都使得，实在不能跟着你二鞑子吃螺蛳，绕这么大弯儿！"

这段故事里包含一个所谓"顶针续麻"的文字游戏，就是上一句的末一字或末两三字和下一句的前一字或前两三字同字或同音。例如:"一杆长枪通天彻地"的末一字和"地下无人事不成"的头一字是一样的,而这第二句的末一字"成"和第三句"城里大姐去烧香"的头一字是同音的。又如"此房出租"的末两字和"出租的那所房子后院种着棵枇杷树"的头两字相同,而这句的末三字又和下句"枇杷树的叶子像个驴耳朵"的前三字相同。这种游戏在民间文艺里普遍地流行着。诗词曲里有一种"顶真体",又叫做"连珠格",性质也和这种文字游戏一样。例如,《中原音韵》载无名氏《小桃红》云:

断肠人寄断肠词,词写心间事,事到头来不由自,自寻思,思量往日真诚志,志诚是有,有情谁似,似俺那人儿。

乔梦符也有效连珠格《小桃红》,见《乐府群玉》[1]。又郑德辉《㑇梅香》首折的《赚煞》[2],马致远《汉宫秋》第三折《梅花酒》和《收江南》[3],还有《白雪遗音》[4]中"桃花冷落"一首也用此格。现在再举"桃花冷落"为例:

桃花冷落被风飘,飘落残花过小桥,桥下金鱼双戏水,水边小鸟理新毛,毛衣未湿黄梅雨,雨滴红梨分外娇,娇姿常伴垂杨柳,柳外双飞紫燕高,高阁佳人吹玉笛,笛边牵线挂丝绦,绦结玲珑香佛手,手中有扇望河潮,潮平两岸风帆稳,稳坐舟中且慢摇,摇入西河天将晚,晚窗寂寞叹无聊,聊推纱窗观冷落,落雪渺渺被水敲,敲门借问天台路,路过西河有断桥,桥边种碧桃。

更往远里说,像《毛诗·既醉》自二章至末章,[5]《宋书·乐志》卷三所载,"平陵东,松柏桐,不知何人劫义公"歌,[6]曹子建《赠白马王彪诗》[7],李白《白云歌送刘十六归山》[8]……或重每章末句,或重每句的末几字,也都算是"顶真体"。我为什么在这篇文章的起头儿先啰啰嗦嗦举这一大堆例子呢?因为这里所要讲的"父子连名制"正好借顶针续麻的例子来说明它。

父子连名制是藏缅族(Tibeto-Burman family)的一种文化特征(cultural trait),靠着它可以帮助从体质和语言两方面来断定这个部族里许多分支的亲属关系,并且可以解决历史上几个悬而未决的族属问题。综括说起来,在这个部族里,父亲名字末一个或末两个音节常和儿子名字的前一个或前两个音节相同。它的方式大约有底下几种:

1. ABC   -   CDE   -   DEF   -   FGH
   恩亨糯   糯笨培   笨培呙   呙高劣
2. A□B   -   B□C   -   C□D   -   D□E
   龚亚陇   陇亚告   告亚守   守亚美
3. ABCD -   CDEF -   EFGH -   GHIJ
   一尊老勺   老勺渼在   渼在阿宗   阿宗一衢
4. □A□B -   □B□C -   □C□D -   □D□E
   阿琮阿良   阿良阿胡   阿胡阿烈   阿烈阿甲

在各分支里虽然不免有小的参差,大体上很少超越上面所举的几个方式以外。

我研究这个问题的兴趣起初是由纸上材料引起的。1943年春天我到云南西部的鸡足山上去游览,在一个叫做悉檀寺的庙里发现一部丽江木土司的《木氏宦谱图像世系考》,

当时颇发生浓厚的好奇心。回来整理游记，曾参考陶云逵、董作宾、凌纯声各家的说法写成一篇《记鸡足山悉檀寺的〈木氏宦谱〉》，发表在《当代评论》第 3 卷第 25 期上。后来由自己调查和朋友供给，陆续得到些个现实的活材料。现在综合这两方面的材料写成这篇论文，希望对这问题发生兴趣的人类学家、民族学家和语言学家格外予以补充或修订，好让这个问题更可以得到圆满的解决。

我对这个问题想分三纲六项十三目来叙述它：

壹、缅人支

（一）缅人（Burman）　对于这一部族，我自己并没得到什么直接材料，只在缅甸的历史里发现有父子连名的事实。当西元 2 世纪到 4 世纪的时候，缅甸孔雀王朝的世系也是父子连名的。例如：

Pyo—so—ti　　　　　Ti—min—yi
Yi—min—baik　　　 Baik—then—li
Then—li—jong　　　 Jong—du—yit[①]

另外还得希望精通缅甸掌故的加以补充。

（二）茶山（A-chit）　茶山是住在滇缅北界一带的一个部族。1944 年春天我曾亲自得到这一支的两个谱系：一个叫孔科郎的数了 46 代；另一个叫董昌绍的数了 9 代。现在分列于下：

---

① Phayer, *History of Burma*, p.279, 据凌纯声《唐代白蛮乌蛮考》所引，见历史语言研究所《人类学集刊》第 1 卷第 1 期。

（甲）孔氏世系：

1. Ya˧be˩ bawm˧
2. Ma˧shaw˥ bawm˧①
3. Bawm˧shaw˥ chung˧
4. Chung˧shi˧nin˧
5. Shi˧nin˧k'ying˧
6. K'ying˧da˥ə˧
7. Da˥ə˧saw?˥
8. Saw?˥yaw˧chu˥
9. Chu˥fu˧fek˥
10. Fu˧fek˥k'um˥
11. K'um˥fu˧zik˩
12. Zik˩k'u˧lam˩
13. K'u˧lam˩pe˧
14. Shaw˥gyaw˥xang˧
15. Xang˧zaw˧byu˩
16. Byu˩zaw˧te˥
17. Te˥maw˧yaw˩
18. Maw˧yaw˩p'yan˩
19. P'yan˩byaw˧yang˧
20. Yang˧lawm˧lik˧
21. Lik˧ding˩chit˥
22. Chit˥kang˩yan˧
23. Kang˩yan˧gwi˩
24. Gwi˩chung˩chyit˧
25. Chung˩chyit˧yaw˧
26. Yaw˩au˧ding˩
27. Ding˩law˧waw˧
28. Waw˧law˧jang˥
29. Jang˥law˧bawm˩
30. Bawm˩law˧nu˥
31. Nu˥kyang˧
32. Kyang˧bau?˥
33. Bau?˧myaw˧
34. Myaw˧t'uk˥
35. T'uk˥bawm˧
36. Bawm˩zing˧
37. Zing˧yaw˩
38. Yaw˩bawm˩
39. Bawm˩k'aw˧
40. K'aw˧ying˧
41. Ying˧sau˧
42. Sau˧ying˧

---

① 茶山语的音标暂照韩孙（O. Hanson）的"山头文"略加修订，但调号是另加的。

43. Ying˧ yaw˩ 44. Yaw˩ ying˧

45. Ying˧ k'aw˩ 46. K'aw˩ lang˧

以上46代,除一、二为平辈外,其余都可以表现父子连名,但第十三代以上和第十四代以下不衔接。据孔科郎说:"第十三代以上可以和牛狗草木讲话,还没有完全变成人。"那么,这或许只是远古的传说,还不能算是孔氏的直系宗谱吧?

（乙）董氏世系:

1. Yawn˥ sau˧ 2. Sau˧ chang˥

3. Chang˥ lang˥

4. Lang˥ bau˥ = Lang˥ gying

5. Bau˥ zung˥ = Bau˥ ying = Bau˥ taik˩

6. Zung˥ ying˥ 7. Ying˥ sau˩

8. Sau˩ chang˥ 9. Chang˥ sau˩

这个谱里,第四代有兄弟二人,第五代有兄弟三人,那么,这一支应该是长房传下来的。据董昌绍说,约在400年前,片马还是林莽丛芜的时候,他的第一世祖 Yawm˥ sau˧ 才来到这里做"筚路蓝缕,以启山林"的开荒工作。这位拓荒者的坟在下片马,坟地内有汉文碑和刻像。第四世祖的坟在下片马 Cyung˩ gyung˧ 山上;第五世祖的坟在下片马 Aw˧ yaw˩ bau˩:这两个坟都没有碑。拿孔、董两家比较来看,董氏似乎比孔氏晚得多;如果昌绍的话可信,那么董氏似乎从明朝嘉靖的末叶才搬到片马去的。

贰、西番支

（三）么夒或那喜（Moso 和 Na-khi）[9] 据余庆远《维西

见闻录》说：

> 么些无姓氏，以祖名末一字，父名末一字，加一字为名递承而下，以志亲疏。

其实，若照上文所举连名制的四种方式和下面所举么些族的三种世系详加审核，咱们就可以发现余氏所说的话似是而非了。我所得到的四种材料是：

（甲）丽江么些经典中所记大洪水后的6代：

1. 宗争利恩　　2. 恩亨糯　　3. 糯本培
4. 本培冏　　　5. 冏高劣　　6. 高劣趣①

照余氏的说法，这里的第三代便应作"恩糯培"，第四代应作"糯培冏"，显然是跟事实不符的。

（乙）"玉龙山灵脚阳伯那"《木氏贤子孙大族宦谱》里所记传说的12代：

1. 天羡从从　　2. 从从从羊　　3. 从羊从交
4. 从交交羡　　5. 交羡比羡　　6. 比羡草羡
7. 草羡里为　　8. 里为糯于　　9. 糯于南伴普
10. 伴普于　　 11. 于哥来　　 12. 哥来秋②

从此以后便接续木氏的历史世系。据说木氏的第一代祖先是叶古年。叶古年以前11代是东汉时的越嶲诏，他以后的6代改为筰国诏。杨慎《木氏宦谱序》说：叶古年是唐武德时的

---

① 据董作宾《爨人谱系新证》所引，见中山文化教育馆《民族学研究集刊》第2期。

② 参看 Joseph F. Rock, *The Ancient Na-khi Kingdom of south-west China*, Cambridge, 1947, pp. 81–85。

军官,他的后裔秋阳却在唐高宗上元时才袭职。可是,若据父子连名制的系统来讲,哥来秋以后就应和秋阳系联,中间不该有叶古年间隔。我颇怀疑叶古年就是哥来秋或秋阳两人中之一的汉化姓名。自然这一点还需要更多的证据才能断定。

(丙)丽江《木氏宗谱》:

木氏是从唐武德年间到清初时候世袭的丽江土司,关于这一家的宗谱共有四种:

1. 杨慎《木氏宦谱序》 明嘉靖二十四年撰,今藏丽江木氏家。

2.《木氏宦谱图像世系考》 与杨《序》合装一册,有二本:一有清道光二十年[1840]海南陈钊钟所题"木氏归命求世之图"的标签并后序及诗跋,藏丽江木氏家;一题《木氏宦谱》,藏云南鸡足山悉檀寺。

3.《木氏历代宗谱碑》 在今丽江县城东南十里蛇山木氏坟地,清道光二十二年初镌。

4.《续云南通志稿·南蛮志》么娑诏附注之《木氏宦谱》。《志稿》系清光绪二十七年[1901]王文韶等修成。

这四种材料的异同,详陶云逵《关于么娑之名称分布与迁移》和我的《记鸡足山悉檀寺的〈木氏宦谱〉》两篇文章,这里且不多赘。现在只据《木氏历代宗谱碑》列其世系如下:

1. 秋阳　　　　　　　2. 阳音都谷

3. 都谷刺具　　　　　4. 刺具普蒙

5. 普蒙普王　　　　　6. 普王刺完

7. 刺完西内　　　　　8. 西内西可

9. 西可剌土
10. 剌土俄均
11. 俄均牟具
12. 牟具牟西
13. 牟西牟磋
14. 牟磋牟乐
15. 牟乐牟保
16. 牟保阿琮
17. 阿琮阿良
18. 阿良阿胡
19. 阿胡阿烈
20. 阿烈阿甲
21. 阿甲阿得(木得)
22. 阿得阿初(木初)
23. 阿初阿土(木土)
24. 阿土阿地(木森)
25. 阿地阿寺(木钦)
26. 阿寺阿牙(木泰)
27. 阿牙阿秋(木定)
28. 阿秋阿公(木公)
29. 阿公阿目(木高)
30. 阿目阿都(木东)
31. 阿都阿胜(木旺)
32. 阿胜阿宅(木青)
33. 阿宅阿寺(木增)
34. 阿寺阿春(木懿)[①]
35. 木椠
36. 木松
37. 木润
38. 木楒
39. 木仁

以上39代的连名制,第一代和第二代是用第一式,第二代到第十六代用第三式,第十七代到第三十四代用第四式。到了明初虽赐姓木,但原来父子连名的风习一时不易更改,只在木姓后加上原名的末一名作为姓名,例如阿甲阿得也叫做木得。直到清康熙时,从木椠以后这种文化特征才看不出

[①] 据 J. F. Rock *The Ancient Na-khi*, *Kingdom of south-west China*, pp. 136-153,木懿以后为阿春阿俗(木靖)、阿俗阿胃(木尧)、阿胃阿挥(木兴)、阿挥阿住(木钟),仍用连名制。木钟以后,木德、木秀、木睿、木汉、木景、木荫、木标、木琼、木松奎始废弃之。所据与《宗谱碑》不同。

来了。

（丁）永宁土司的世系：

据《永北直隶厅志》（卷三，页三十六下到四十一上）所载永宁土司世系的前两代也是采用父子连名制的：

1. 卜都各吉　　　2. 各吉八合

可是从第三代卜撒（1413）、第四代南八（1425）以后这种文化遗迹已经消灭；从第五代阿直（1458）起，子孙就都以"阿"为氏了。这种汉化的趋势是从明永乐时候才开始的。①

叁、倮倮支

（四）倮倮（Lolo）　就已经得到的材料说，这个部族的谱系我曾经看见过七种：

（甲）丁文江（V. K. Ting）《爨文丛刻》（*A Collection of Lolo Writings*）[10]《帝王世纪》中洪水以前的30代：

1. 希母遮	2. 遮道公	3. 公竹诗
4. 诗亚立	5. 立亚明	6. 明长央
7. 长央作	8. 作阿切	9. 切亚宗
10. 宗亚仪	11. 仪亚祭	12. 祭迫能
13. 迫能道	14. 道母仪	15. 母仪尺
16. 尺亚索	17. 索亚得	18. 得洗所
19. 洗所多	20. 多必益	21. 必益堵
22. 堵洗仙	23. 洗仙佗	24. 佗阿大
25. 大阿武	26. 阿武儒	27. 儒侏渍

---

① 参看 J. F. Rock 前引书, pp. 377-381。

28. 渎侏武　　　29. 武老撮　　　30. 撮朱渎

据译者罗文笔的序文说："从人类始祖希母遮之时，直到撮侏渎之世共有三十代人。此间并无文字，不过以口授而已。流于二十九武老撮之时，承蒙上帝差下一祭司宓阿叠者，他来兴奠祭，造文字，立典章，设律科，文化初开，礼仪始备。但此间当有洪水略解，余无此书，不能备载。"所谓"洪水"是一个阶段，往前推溯到他们传说中所认为人类的始祖希母遮，而第三十代撮朱渎又和水西安氏的始祖渎母吾连起名来了。

（乙）《爨文丛刻·帝王世纪》中的"后天渎母"世系，即贵州水西保保安氏世系，从安氏的始祖渎母吾到一分明宗共计84代：

1. 渎母吾	2. 母齐齐	3. 齐亚红
4. 红亚得	5. 得古沙	6. 沙古母
7. 古母龚	8. 龚亚陇	9. 陇亚告
10. 告亚守	11. 守亚美	12. 美阿得
13. 得亚诗	14. 诗美武	15. 美武梦
16. 梦蝶多	17. 多亚质	18. 质吾勺
19. 吾勺必	20. 必一梅	21. 梅阿亮
22. 亮阿宗	23. 宗亚补	24. 补亚勺
25. 勺亚讨	26. 讨阿常	27. 阿常必
28. 必益孟	29. 孟吾守	30. 守阿典
31. 典亚法	32. 法一宜	33. 一宜尺
34. 尺亚主	35. 主阿典	36. 典阿即
37. 即亚登	38. 登亚堵	39. 堵阿达
40. 阿达多	41. 多阿塌	42. 塌阿期
43. 期阿否	44. 否那知	45. 那知渎

46. 渎阿更	47. 阿更阿文	48. 阿文洛南
49. 洛南阿搕	50. 阿搕一典	51. 一典即期
52. 即期忍一	53. 忍一卜野	54. 卜野一尊
55. 一尊老勺	56. 老勺渎在	57. 渎在阿宗
58. 阿宗一衢	59. 一衢卜宜	60. 卜宜阿义
61. 阿义阿洛	62. 阿洛阿冬	63. 阿冬大屋
64. 大屋老乃	65. 老乃老在	66. 老在阿期
67. 阿期老帝	68. 老帝卜直	69. 卜直那考
70. 那考崩在	71. 崩在老知	72. 老知老铺
73. 老铺不足	74. 不足直巴	75. 直巴安作
76. 安作直吾	77. 直吾老成	78. 老成洛西
79. 洛西非说	80. 非说老古	81. 老古老得
82. 老得老颠	83. 老颠一分	84. 一分明宗

据罗文笔说:"余详考我宗祖母齐齐之谱系,直至我主安昆被吴三桂掳掠之时,共计 84 代,其间治乱兴衰,不及详载。"从吴三桂灭水西安氏到罗文笔还有 6 代,若从他的始祖希母遮算起一共是 120 代,一贯相承,都用父子连名制。

(丙) 武定夷族古史

这部分材料是马学良从武定凤土司家里得到的。一种是相连的 6 代:

1. 竹　　彻　　客　　第　　一
   $d_ʐ$˩　$tʂ'ɛ$˩　$k'ɤ$˥　ni˩　$t'a$˩

   彻　　客　　士　　第　　二
   $tʂ'ɛ$˩　$k'ɤ$˥　$ʂ$˥　ni˩　ni˥

士	阿	沙	第	三
ʂʅ˥	ɣa˧	ʂa˧	ni˩	sɒ˧
沙	鲁	濯	第	四
ʂa˧	lʊ˧	tʂʷɔ˥	ni˩	ɬi˧
鲁	濯	楚	第	五
lʊ˧	tʂʷɔ˥	tʼy˧	ni˩	ŋv˧
楚	舒	族	第	六
tʼy˧	ʂʅ˧	tsʼy˧	ni˩	tɕʼʊ˥

另一种是相连的 10 代：

母	阿	齐	第	一
m̩y˧	ɣa˩	tsʼi˧	ni˩	tʼa˩
齐	阿	宏	第	二
tsʼi˧	ɣa˩	hũ˩	ni˩	ni˥
宏	阿	德	第	三
hũ˧	ɣa˩	dɣ̃˥	ni˩	sɒ˧
德	窝	所	第	四
dɣ̃˥	ɣuʔ˥	ʂʷɔ˧	ni˩	ɬi˧
所	务	母	第	五
ʂʷɔ˧	ʼy˧	m̩y˧	ni˩	ŋv˧
务	母	筹	第	六
y˧	m̩y˧	tsʷɔ˥	ni˩	tɕʼʊ˥

筹	阿	怒	第	七
tʂʻʷɔ˩	ɣɑ˧	nū˧	ni˩	ɕi˩
怒	阿	鲁	第	八
nū˧	ɣa˧	lu˧	ni˩	hɿ˩
鲁	阿	士	第	九
lu˧	ɣa˩	ʂɿ˩	ni˩	ky˧
士	阿	末	第	十
ʂɿ˩	ɣa˧	mɔ˧	ni˩	tsʻɛ˩

第二种的前三代完全和水西安氏的第二代到第四代相同。在马君所得的材料里，像这样的谱系共有二十几种，现在只选列两种作例。

（丁）四川冕宁猓猓的父子连名制：

这是傅懋勣根据冕宁小相公岭黑猓猓的报告写下来的。他曾写成《猓猓传说中的创世纪》一文在成都出版的《边疆服务》上发表，并先把这些材料抄寄给我。他所抄的原文是：

ɣ˩ dʐɯ˩ ʂɿ˧ ɿ˧ tsɿ˩（自）

ʂɿ˧ ɿ˧ ɣɯ˩ tʻɯ˩ tsʻɿ˧（一辈）

ɣɯ˩ tʻɯ˩ vo˧ lɯ˩ ȵie˧（二）

vo˧ lɯ˩ tɕʻy˩ pu˧ sua˧（三）

tʐʻy˩ pu˧ dʐy˩ m̩˧ ɿ˩（四）

dʐy˩ m̩˧ zɯ˩ so˩ go˩（三儿）

dʐy˩ m̩˧ dʐy˩ tʻɯ˩ gɛ˩（断根）

dʑy˥ m̩˩ dʑy˥ i̩˩ gE˥（断根）

dʑy˥ m̩˩ y˥ y˩ dzu˧（有后）

y˥ y˩ zɯ˧ so˧ go˧（三儿）

y˥ y˩ la˥ iE˩ iE˧ lE˧ hE˩ ŋa˥（汉人）

y˥ y˩ kɪ˥ tsɿ˩ lE˧ no˥ su˥（黑夷）

y˥ y˩ sɿ˩ ʂa˩ lE˧ o˥ dzu˩（西番）

这个例里每句除名字外还有表示意义的字眼，凡字下加曲线的都是。它的世系虽然只有 6 代，但连名的制度很显然，并且夷、汉、番的关系在夷人心目中是怎样也表示出来了。

（戊）西康倮族阿合和罗洪两氏家谱：

这也是傅懋勣在川康调查时所得材料的一部分。阿合和罗洪都是当地倮族的大支，他们的世系，前一种是 12 代，后一种是 14 代，完全采用父子连名制：

（1）阿合家谱（见附表一）

（2）罗洪家谱（见附表二）

以上这两个家谱是傅君根据阿合和罗洪两家后裔口头背诵，先以倮文记录然后再译成汉字的。在川、滇、黔以外，我们现在又加上这种从西康得到的可贵材料，可见这种制度是流布很广的。

此外，据凌纯声说："1935 年在云南时，遇四川大凉山附近的罗罗[11]青年曲木藏明，曾告余，他的父亲能背家谱，上下世连名，数十代相承，丝毫不爽。"证以傅君所记，咱们可以知道这种制度在川康夷族中是一样通行的。

附表一 阿合家谱(12代)

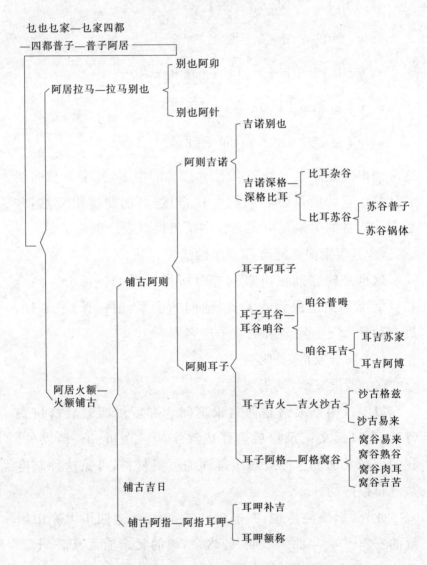

附表二 罗洪家谱(14代)

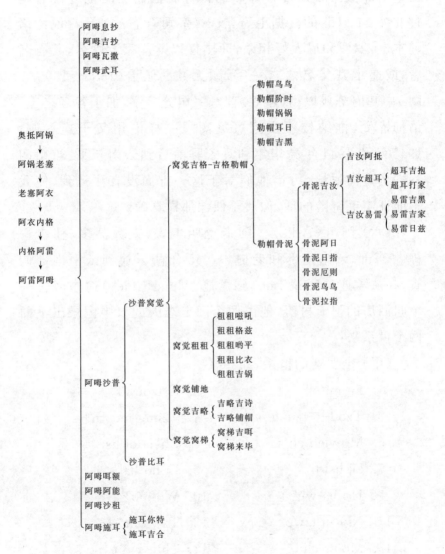

（五）窝尼（Wo-ni）[12]　窝尼亦作和尼，是汉人对于住在云南南部操倮倮方言各部族的称呼。他们住的地方没有越过北纬24°以北的。据毛奇龄[13]《蛮司合志》[14]卷八说："诸甸本土，罗罗和尼人好相杀，死则偿以财。家无姓名，其有名者，或递承其父名之末一字，顾无姓。弘治（1488—1505A.D.）中知府陈晟以《百家姓》首八字司分一字，加于各名之上，诸甸皆受，惟纳楼不受。"可见窝尼一样沿用父子连名制。1943年和1944年高华年和袁家骅前后到云南新平、峨山两县去调查窝尼语，可惜他们对于这一方面没有注意到，使我不能证实毛奇龄的话，像对于倮倮那样真确。

（六）阿卡（A-ka）　阿卡也叫卡人，人数甚多，住在景栋[15]东部、云南南部和老挝。1935年陶云逵到云南南部调查，在从孟连（Mong Len）到孟遮（Mong Chieh）途中经过一个叫酒房的阿卡村落，他由两个阿卡老人的口中记录出下面两个世系来：

（甲）卡罗赛的世系，共56代：

1. Su-mi-o① 　　　　2. O-tzou-lö
3. Tzou-lö-tzung 　　4. Tzung-mö-yieh
5. Mö-yieh-ch'ia 　　6. Ch'ia-di-hsi
7. Di-hsi-li 　　　　8. Li-ho-bä
9. Ho-bä-wu 　　　　10. Wu-nio-za
11. Nio-za-tzwo 　　12. Tzwo-mö-er
13. Mö-er-chü 　　　14. Chü-twǒ-p'uo

---

① 记音照陶氏原来的系统。

15. Twǒ-p'uo-muo
16. Muo-kǔo-twǒ
17. Kǔo-twǒ-ji
18. Ji-lê-nio
19. Nio-ch'i-la
20. La-tang-buǒ
21. Buǒ-muo-buo
22. Muo-buo-ji
23. Ji-la-bi
24. Bi-mǒ-tzwo
25. Tzwo-hwā
26. Hwā-jiä
27. Jiä-tzä
28. Tzä-jiō
29. Jiō-blung
30. Blung-läi
31. Läi-mi
32. Mi-hsia
33. Hsia-yi
34. Yi-ch'iä
35. Ch'iä-kung
36. Kung-kang
* 37. Hsia-tzwo
38. Tzwo-ji
39. Ji-z'a
40. Z'a-bang
41. Bang-läi
42. Läi-ni
43. Ni-buo
44. Buo-pö
45. Ma-buo(女)
46. Buo-gong
* 47. P'u-da
48. Da-tzung
49. Tzung-ch'iwo
50. Ch'iwo-ji
51. Ji-z'a
52. Z'a-nio
53. Nio-chwo
54. Chwo-zä
55. Zä-bluo
56. Bluo-sä(本人)

(乙) 欧赖的世系,共47代：

1. Su-mi-o
2. O-tzou-lö
3. Tzou-lö-tzung
4. Tzung-mö-yieh
5. Mö-yieh-ch'ia
6. Ch'ia-di-hsi

7. Di-hsi-li
8. Li-ho-bä
9. Ho-bä-wu
10. Wu-nio-za
11. Nio-za-tzwo
12. Tzwo-mö-er
13. Mö-er-chü
14. Chü-twǒ-p'uo
15. Twǒ-p'uo-muo
16. Muo-kǔo-twǒ
17. Kuǒ-twǒ-ji
18. Ji-le-niǒ
19. Niǒ-ch'i-la
20. La-tang-buo
21. Tang-buo-sö
22. Buo-sö-läi
23. Läi-lung-buo
24. Buo-yi-nǒ
25. Nǒ-muo-buo
26. Muo-buo-di
27. di-hsia-biä
28. Biä-muǒ-tzö
29. Tzö-wo-yi
30. Wo-yi-jia
31. Jia-tzä
32. Tzä-jia
33. jia-blung
34. Blung-läi
35. Läi-hsia
36. Hsia-yi
37. Yi-chiä
38. Chiä-kung
39. Kung-kong
*40. Hsia-tzwo
41. Tzwo-ji
42. Ji-za
43. Za-bang
*44. O-dë
45. Dë-gong
46. Gong-tzwǒ
*47. Ou-lä(本人)

(*号表示不衔接。)

这两个世系的前20代完全相同；甲系第二十七代到第四十代，除去三十一、三十二两代外，也和乙系第三十一代到第四十三代相同。只是甲系的第二十一到第二十六代，第四十一到第五十六代，乙系第二十一到第三十代，第四十四到第四十七代，是各成系统的。因此咱们可以知道这两系的宗属很近。至于甲系的第三十七代和第四十七代，乙系的第四十代、第四十四代和第四十七代何以各和上代不衔接，那或许是传诵的讹漏，也或许另有别的原因，现在还不能断定。

以上所说，是就我现在所能找到的材料来讨论的。自然，在藏缅族以内的其他部族或以外的旁种部族具有这种文化特征的，也许不在少数，将来需要补充的地方正多。这篇文章只在用磁石引铁式提出问题，希望引起各方面注意，慢慢地材料越凑越多，便可让它得到圆满的解决了。

这种制度有什么用处呢？照我想，第一是帮助记忆。以上所举各支除倮倮、么些外，都没有文字，即使有文字也不是日常应用的。有了这种"顶针续麻"式的连名制便容易背诵得多了。其次，因为容易记忆，每个人便可以把他祖先的名字从始祖到自己都记在心里，借此可以知道凡是能推溯到同一始祖的都是同族的人，并且从这承先启后的链索，还可以分别世次，像汉人宗谱里的字派一样，这在种姓的辨别上是很关重要的。

此外的功用，便是可以帮助咱们解决些个历史上的族属问题。

关于云南的古史，中国的史书像司马迁的《史记》、班固的《汉书》、常璩的《华阳国志》和樊绰的《蛮书》虽然都有记载，但嫌语焉不详。直到元、明的时候，中国人得到土著用白子文所写的《白古通》以后，对于云南古史知道的才比较多一点儿。于是元张道宗著有《记古滇说》，明阮元声著有《南诏野史》，杨慎著有《滇载记》，对于南诏先世的世系都有记载。

不过和《后汉书》所载哀牢夷的沙壹故事,和佛教输入后的阿育王(Açoka)故事往往牵混不清。1941年董作宾在他所作的《爨人谱系新证》①里,曾经把《白古记》所载低蒙苴的九子和《帝王世纪》中浟侏朱(董校作浟武朱)的十二子互相比较,颇有很好的意见,这里且不多谈。我们现在还是单从南诏的世系说起。

有些历史学家和西洋人研究东方学(sinology[汉学])或摆夷(Shan)民族史的,像 Hervey de Saint-Devis, Parker, Rocher, Cochrane 等,认为南诏和摆夷的亲缘很近,应该属于泰[傣]族(Tai famlily),并且说南诏就是摆夷所建的王国。据王又申翻译的达吗銮拉查奴帕原著的《暹罗古代史》上说:

据中国方面之记载,谓汰人之五个独立区域合成一国,时在唐朝,称之曰南诏。南诏王国都昂赛,即今日云南省大理府。南诏之汰人素称强悍,曾多次侵入唐地及西藏,但终于佛历一千四百二十年(西历 877)间与唐朝和好。南诏之王曾与唐朝之公主缔婚。自此以后,王族之中遂杂汉族血统,汰人亦逐渐忘却其风俗习惯,而同化于中国。虽则如此,汰人尚能维持独立局面。直至元世祖忽必烈可汗在中国即皇帝位,始于佛历一千七百九十七年(西历 1254)调大军征伐汰国,至入缅甸境内。自彼时起以至今日,汰人原有土地乃尽沦落而变成中国。

对于这个意见,咱们且不提出别项驳议,单就世系来推究,已

---

① 中山文化教育馆《民族学研究集刊》第二期,页 181—200。

附录一 论藏缅族的父子连名制 · 163 ·

然足够证明它不对的了。

据杨慎所辑的《南诏野史》引《白古记》，南诏先世的世系是：

骠苴低—低蒙苴—蒙苴笃……

从此以下传 36 世至

细奴罗—罗晟—晟罗皮—皮罗阁—阁罗凤—凤伽异—

异牟寻—寻阁劝—$\begin{cases}\text{劝龙晟}\\\text{劝利晟—晟丰祐—世隆—隆舜—舜化真}\end{cases}$

假如咱们承认父子连名制是藏缅族的文化特征，而且据陶云逵说，他所得到的车里宣慰司的摆夷宗谱又绝对没有这种现象，那么，看了南诏蒙氏的世系以后，上面所引的意见当可不攻自破了。

至于南诏以外其他五诏的世系大部分也用父子连名制。如：

蒙嶲诏凡 4 世：

嶲辅首—佉阳照（弟）—照原—原罗

越嶲诏或么岁诏凡 2 世：

波衝—于赠（兄子）

浪穹诏凡 6 世：

丰时—罗铎—铎罗望—望偏—偏罗矣—矣罗君

邆赕诏凡 5 世：

丰咩—咩罗皮—皮罗邓—邓罗颠—颠文托

施浪诏凡 4 世：

望木—望千（弟）—千傍—傍罗颠[①]

---

① 六诏的世系是参酌樊绰《蛮书》《新唐书·南蛮传》和杨慎《南诏野史》决定的。

后来大理段氏汉化的程度较深,这种文化特征已不显著。可是段智祥的儿子叫祥兴,孙子叫兴智,无意中还流露出父子连名的遗迹来。至于创立"大中国"的高氏也还保持着这种风俗。他的世系是:

  高智昇—高昇泰—高泰明—高明清

高氏的子孙,清初做姚安府同知,仍然沿用父子连名制。光绪二十年所修《云南通志》卷一百三十五,页十七,引旧志说:

  顺治初,高㚖映投诚,仍授世职。㚖映死,子映厚袭;映厚死,子厚德袭,雍正三年以不法革职,安置江南。

又《云龙记往》的《摆夷传》里也有一段记载说:

  先是夷族无姓氏,阿苗生四子,始以父名为姓:长苗难,次苗丹,次苗委,次苗跊。苗丹子五人:曰丹戛,丹梯,丹鸟,丹邓,丹讲。五子中惟丹戛有子戛登。①

他们的世系应该这样排列:

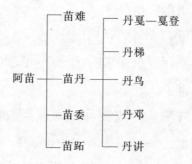

---

  ① 《云南备徵志》卷十九。此条承张征东于1944年夏自维西抄寄,特此声谢。

这显然也是属于父子连名制的。不过原书所谓《摆夷传》应该是僰夷或白夷的错误，也就是白子或民家。因为我在上文已经说过泰[傣]族并没有这种文化特征，而且从现代民族分布来讲云龙也只有白子而没有摆夷，所以我才有上面的校订。如果我所校订的不错，那么拿这条材料同大理段氏、"大中国"高氏和姚安高氏的世系比较，我们对于民族的族属问题，似乎更可以得到解决的曙光了。然而证据却还不止于此。

1944年7月我们一行三十三人应马晋三（崇六）、阎旦夫（旭）、陈勋仲（复光）、王梅五（恕）诸位的邀请，同到大理采访县志资料，门类分析的细密，参加人员的繁多，颇极一时之盛。吴乾就专攻杜文秀[16]史实，但因为他兴趣广博，功力勤劬，所收获的副产品极为丰富。例如双姓问题，同姓相婚问题，他都到处留心，随手摘录。没想到他比我晚回昆明十天，竟在大理下关给我搜到了关于父子连名制的史料。这真使我大喜过望！

他所得到的材料有两种：一个是《善士杨胜墓志并铭》，大明成化三年"龙关习密僧杨文信撰并书咒"，原碑在大理下关斜阳峰麓么岁坪；一个是《太和龙关赵氏族谱叙》，天顺六年二月吉旦"赐进士第南京国子监丞仰轩山人许廷端顿首拜撰"。① 在前一个材料里我们发现：

　　杨贤—杨贤庆—杨庆定

---

① 两种材料原文和吴君跋语载南开大学《边疆人文》第 2 卷第 1、2 期合刊，拙著《三论藏缅族的父子连名制》附录。

祖孙三世都是父子连名，庆定以下则不然。据乾就所加按语说："庆定，明洪武间人。洪武十五年左右副将军蓝玉、沐英率师克大理，设官立卫守之，庆定遂为都里长。是则元代段氏之世，杨氏仍沿风习，行父子连名制。至是汉人移居者多，当地土著渐濡汉化，杨氏之放弃其父子连名旧习，盖其一端也。"在后一个材料里我们又发现：

　　赵福祥—赵祥顺—赵顺海

祖孙三世也是父子连名，自赵赐以下这种文化的遗迹就不可复见了。乾就所加按语说："赵氏自赵福祥而赵祥顺、赵顺海，祖孙三代亦父子连名，其始祖永牙至福祥数世当亦如此，惜其名讳失传，无可考按耳。降及赵顺海子赵赐，父子连名制始废。赐，元末明初人，以习密宗，洪武间曾随感通寺僧无极入觐。此与龙关杨氏自洪武间杨胜始不以父名连己名，正可参证。是则大理土著在元以前皆行父子连名制，迨明洪武十五年蓝玉、沐英等戡定大理后，汉人移殖者日众，当地土人始渐渍汉化，举其远古之惯习而废弃之，当无可疑也。"

　　拿以上两个实例和我在上文所举的大理段氏、"大中国"高氏和姚安高氏三个例来互相勘研，我们可以提出三条新的结论：

　　第一，从这个文化遗迹我们可以推测大理乃至迤西各县的一部分土著曾经和藏缅族有过关系。

　　第二，善士杨胜墓志的所在地是大理下关斜阳峰麓的"么㱔坪"。拿这个地名和余庆远《维西闻见录》所记么㱔姓氏制度及丽江《木氏宗谱》的三十四代父子连名互相参证，我觉得这绝不是偶然的巧合，至少可以说杨胜的先世和广义的藏缅族有过血缘关系。况且据"玉龙山灵脚阳伯那"所载木氏传说中的第七代祖先"草羡里为为"的第三个儿子就是民家(么些语"Lä-bbu")的祖先,那尤其确凿有据了。

第三,从前赖古伯里(Terrien de Lacouperie)、戴维斯(H. R. Davies)、丁文江、凌纯声等关于民家族属的推测,由这个文化特征来看,我认为都值得重新考虑了。截至现在,只有李方桂所说民家语言和猓猡语相近的假设还离事实不远。

在中国古史里也有一种以祖父的字或名为氏的制度,郑樵《通志·氏族略序》说：

七曰以字为氏：凡诸侯之子称公子,公子之子称公孙,公孙之子不可复言公孙,则以王父字为氏。如：

郑穆公之子曰公子騑,字子驷,其子曰公孙夏,其孙则曰驷带、驷乞；

宋桓公之子曰公子目夷,字子鱼,其子曰公孙友,其孙曰鱼莒、鱼石。

此之谓以王父字为氏。

八曰以名为氏：无字者则以名。如：

鲁孝公之子曰公子展,其子曰公孙夷伯,其孙则曰展无骇、展禽；

郑穆公之子曰公子丰,其子曰公孙段,其孙则曰丰卷、丰施。

此诸侯之子也。天子之子亦然：王子狐之后为狐氏,王子朝之后为朝氏是也。无字者以名。然亦有不以字而以名者,如樊皮字仲文,其后以皮为氏;伍员字子胥,其后以胥为氏:皆由以名行故也。

《氏族略》二又说:

亦有不以王父字为氏,而以父字为氏者,如:
公子遂之子曰公孙归父,字子家,其后为家氏;
公孙枝字子桑,其后为子桑氏。
亦有不以王父名为氏,而以父名为氏者,如:
公子牙之子曰公孙兹,字戴伯,其后为兹氏;
季公鉏字子弥,其后为公鉏氏。
以名为氏者不一而足,左氏但记王父字而已。

这种氏族制度乍看起来似乎也像是父子连名或祖孙连名,也可以由子孙的氏推溯他的宗系由来,但定氏以后父子或祖孙的名字间就不再有链索关系,所以和藏缅族的父子连名制是不能强为比附的。

最后,我想起胡适1914年7月20日在他的《藏晖室札记》[17]卷五里曾经记了一条"印度无族姓之制"说:

与印度某君谈,其人告我,印度无族姓之制,其人但有名无姓氏也。其继承之次,如父名约翰·约瑟·马太,则其子名约瑟·马太·李却,李却为新名,其前二名则父名也;其孙则名李却·腓立·查尔斯,其曾孙则名腓立·查尔斯·维廉,以此类推。

原文所谓约翰、李却等等,自然是借用西洋人的名字来说明印度的这种制度,并不是说印度人当真用这几个名字。我对于这个提示颇感兴趣,可惜对于印度所知道的太少了,所以关于这一点还得希望印度友人的帮助,好使我将来有订补本文的机会。至于波斯、阿拉伯和俄国的姓名制度虽然也含有表现世次的特征,但是因为和这里所讨论的父子连名制并不相同,所以本文不再赘及。

[民国]三十二年十二月十日初稿,次年二月二十五日重订;

[民国]三十八年三月二十日续纂"再论""三论"两篇,以成全文。

案,此文属稿时,承陶云逵先生惠赠阿卡族之世系两种,并予以数点宝贵之商订。十二月二十一日余在西南联合大学文史学讲演会宣读此文,复承亲自莅场切磋,且为《边疆人文》索稿。乃修订未竟,君突为病菌所袭。比及辗转床褥,犹谆谆以此为念,嘱其夫人林亭玉女士翻箧检寻。经余笺告待君痊可后呈正,始克安心。今此文虽勉强写定,而君已不及见之矣!悬剑空垄,衔恨何如?君所作《西南部族之鸡骨卜》方刊布于《边疆人文》第2期,综合勘究,胜义殊多。倘假以岁年,则其有造于斯学者,讵可限量?今竟奄忽溘逝,则岂朋辈之私痛而已哉!君以[民国]三十三年一月二十六日下午五时病殁于昆明云南大学附属医院,次月十六日各学术团体相与开会追悼之。余挽以联语云:

谵语病怖间念念不忘连名制;
痛心遗箧里孜孜方竟骨卜篇。

盖纪实也。呜呼云逵！君如有知，当因知友之践约而怡然瞑目耶？抑因赍志谢世而永怀无穷之悲邪？

附：吴乾就所录"父子连名制"文件二种

（一）善士杨胜墓志并铭

龙关习密僧杨文信撰并书咒

窃以孝子之事丧亲也，先以明堂之为重。此庆杨氏之茂族者，是大理龙关邑之贤也。高祖杨贤，元朝於知管掌方面，可行明令丛万民为乡里。曾祖杨贤庆，接任仓官，有大行之威势。祖考杨庆定，洪武年间，建立苍洱府县，封为本都里长，生於三男：曰长，曰平，曰胜。胜取杨氏，生於三男：长曰山，次曰禄，三曰惠；后取何氏，曰兰，生於海能，男妇曰好，曰才，曰春，曰音姐。续孙按从上下文观之，"续孙"盖"续弦"之音误，详下。曰温，曰圭，曰坚，曰旻。有三女：曰丑，适杨圭，曰朱，适赵四，曰善，适苏禾。四男三女之数，各生子孙聪俊按原刻如此，当为"俊"之误笔。续代贤绣，按当为秀之误。连绵不期。按殆为"绝"之音误。成化二年闰三月，年至耳顺，大限寿终，卜择吉地，葬之斜阳。长男杨山，起大孝心，投之先生，请文赞文按当为"父"之误，从下句"高曾"对举父之上似落一"祖"字，当作"祖父"或"父祖"。之厚德，题高曾祖之扬名，兴后绍子嗣，示现现按原钞如此，盖现世之意或衍一"现"字。从所遗之本，配□

按此字漫漶难辨,据上文当为"杨"字。修善之门,乡党举之尊见偘;按原文如此。盖亲族怜按当为邻之误。里,广布田地粮食,可以接济贫人。是以生男好学,明晓三端六艺,或文或武;女有三从四德,守闺守室。

大哉宗枝,可以彰也!

铭曰:元姓宏农,表德讳胜,生之晓月,有名有行。

贤子贤孙,体师习仁,胤嗣报恩,立石刻铭。

孝男杨山,杨三十禄,杨惠,杨海能。

大明成化三年孟春三月吉日立。

石匠何嵩刻

乾就谨按:原碑在大理下关斜阳峰麓么岁坪。坪上诸墓,元、明为多,元以前者皆火葬,以瓦瓮载骨灰埋地下,上平放石一方,立石幢其上,幢高三尺许,顶有藏文咒语,盖么岁人之习俗也。明代则垒石为坟,前立石碑。碑盖自右而左……志碑为汉文,碑阴皆藏文横书,字体至工致,诸明代碑皆然,此碑亦如之。

此墓志有堪注意者数事:

一、自杨贤而至杨贤庆,而杨庆定,祖孙三世,皆父子连名,而庆定以下则否。庆定,明洪武间人,洪武十五年左右副将军蓝玉、沐英率师克大理,设官立卫守之,庆定遂为都里长。是则元代段氏之世,杨氏仍沿风习,行父子连名制。至是汉人移居者多,据《明史》列传第二百一,"云南土司一·大理"条:洪武"十六年……命六安侯王志、安庆侯仇成、凤翔侯张龙督兵往云南品甸,缮城池,立屯堡,置邮传,安辑人民。……二十年诏景川侯曹震及四川都司选精兵二万五千人,给军器农具,即云南品甸屯种,以俟征讨。"则汉人于大理府属,大规模移民屯种,乃洪武二十年事。当地土著,渐濡汉化,杨氏之放弃其父子连名旧习,盖其一端也。原碑云:"高祖杨贤,元朝于知管掌方面,可行明令丛万民为乡里。"虽仅溯至杨山之高祖,元时居于龙尾关,未及其始祖所自出。惟碑南复有大理府学儒士杨永撰《故处士杨公墓志》曰:"按状:公讳脚,姓杨,为龙尾世家,其始所自出莫考。……时成化二年龙集丙戌春三月良日,孝妻施氏,孝子杨德、杨明等同立。"此碑亦立于成化间,先杨胜墓志铭一年。杨胜殆与杨脚同族,而"其始所自出莫考",但"为龙尾世家"。则杨氏盖久居大理之土著,当可置信也。

二、杨胜娶杨氏,女杨丑复适杨圭,则婚媾不讳同姓,盖大理土著之习尚。今大理人之同姓相婚,其所从来远矣。

三、就文体言,"於"字凡四见,"元朝於知管掌方面"之"於"字,殆与"以"字同义;其余二"生於三男","生於海能",三"於"字,皆无义,可删,而三句句法皆同有此"於"字;岂其时土人之口语虚字欤?

四、碑文惯例,以至汉人礼俗,妇人皆称氏而不名,而此则题杨胜后妻曰何兰,其媳曰好,曰才,曰春,曰音姐,按原碑下云:"续孙曰温,曰圭,曰坚,曰旻。"所谓"续孙"于义难通。若谓杨胜有此四孙,但下文云:"四男三女之数,各生子孙聪俊。"男女皆总其数,于孙则否。则非谓杨胜有此孙辈四人于文义甚明。杨胜有子四,男妇四,"续孙"四名,复紧接于男妇四名之下,则所谓"续孙"盖"续弦"之音误,谓杨胜四子,娶妇四,后复娶四妇也。杨山等之续孙,殆犹其父之"后取"耳。若此悬拟为可信,则杨胜八媳皆尽举其名,而略其氏也。

皆举其名而反略其氏,亦可异也。意者,么些人有较原始之种姓,而无较后起之氏从姓出之氏,姓不常用,如满人之姓爱新觉罗,亦不常冠于名上也。盖全族一姓,诸人皆同,自无须此赘称耳。即以父名冠己名,表示某人之子某,以当汉人之所谓氏。杨氏自杨胜始,始去父子连名制。明初距其旧习未远,故此所起之氏,盖汉化后仿汉人而立者。每为时人所忽略,今杨胜诸子妇于碑文中举名略氏,殆以此故欤?

五、原文云:"此庆杨氏之茂族者,是大理龙关邑之贤也。"此"庆杨氏"之"庆"字,于文义颇难索解。苟释为形容词,实扞格难通。考杨氏自杨胜始不连父名以为己名,其父曰杨庆定,祖曰杨贤庆,皆同具一庆字,方诸春秋时;以王父字为氏之习尚,则杨胜今不复连父名以为己名,而取祖父名之末字以为氏,则庆字正其选也。故窃谓"庆"字为一专名:杨氏固氏杨矣,亦可氏"庆",故亦可合称为"庆杨"氏也。兹仅聊备一说于此,以待先进教正,未敢遽为断论,强作解人!

六、杨胜配□,乡党举为"尊见憻";杨禄又作杨三十禄。按"三十"当非"禄"之字,杨山、杨惠、杨海能皆未字名连书,且碑中人名,亦尽有名无字,盖时人尚无此习也。此"尊见憻""三十"果何取义,俱待考。

(二) 太和龙关赵氏族谱叙

宇宙间无穷止,无测量,大无内,小无外者,佛法僧也。其设教不一,惟秘密一宗,为三宝中最上乘也。教始燃灯,如来传释迦文佛,释迦于涅槃会上传金刚手尊者，尊者传五印度诸国王，金刚乘师波罗门，遂成五祖因缘。今阿左力皆中印度之秘宗也。蒙晟罗时，天竺人摩迦陀阐瑜珈教，传大理阿左力辈，而赵氏与焉。自是法派分流南渡矣。赵氏之先讳永牙者，福应万灵，不可尽述。凡几世传至赵福祥、祥顺、顺海，世居大理太和龙尾关白蟒寨。蒙时关中有白蟒吞人为害，适启赤城者，义士也，手持利刀，舍身入蟒腹，蟒害遂除。居人德之，取赤城葬于灵塔寺，建浮屠镇之，煅蟒骨灰之，遂名曰白蟒寨。今人误名白马，非也。顺海公资性颖敏，慕道精勤，驱役鬼神，召风至雨，禳役（疫）救灾，可谓德服众望者。公之大父与考，宗眼慧明，运风雷，伏龙虎，旱求必澍，淫求则止，咸为蒙诏国师。顺海生子一，曰赐，赐生三子：曰寿，曰均，曰护，亦习先业，咸以德著。洪武十五年天兵克服云南，取大理，赐如京款贡，均请从焉。时禁宫崇按当为"祟"之误。乱，公深入宫闱默坐课功，不旬日而祟除。天颜有喜，给羊皮旨，免世差，钦赐人头骨、水盂、法鼓、宫绣、袈裟等宝，并御制诗十八章。驰驿遗按当为"遣"之误。还。护迎公于滇，滇人留护治孽龙，遂家于滇池海口。其后莫考。公抵家与师无极勤按"勤"当作"勒"。御制诗于感通寺悬之。乃健按当作"建"。寺于山之左腋，屡被水患，再迁于荡山之巅，名曰宝度。公生于元至正戌按当作"戊"。子，寿七十二。永乐十八年不疾跏趺坐化，时有白气自泥瓦上冲，饭顷方息。茶毗之日，舍利莹然，葬于斜阳麓。从葬者如归市，咸睹瑞鹤回翔，彩霞呈秀，莫不称奇。兹天顺六年适长子寿再应第二次钦取诏，恐祖迹沦没,以族谱谋于余,恳余叙诸首,可谓光前裕后矣。余不似,姑述其略,以传不朽,以识岁月云。

时天顺六年二月吉旦

赐进士第南京国子监监丞仰轩山人许廷端顿首拜撰。

太和赵氏渊流

草木子作

赵永牙　公唐末宋人也,与董细师、杨会舍、王玄兴六人游行于渠苴之间。

西竺神僧出永牙,随求随应果无涯;天水流传公命脉,至今衣钵染烟霞。

敦素子天目山人高季赠

赵福祥　公生于蒙段时,永牙之玄孙也。

西天佛种,蒙诏师封,坐招风雨,伏鬼屠龙,噫嘻吁,孰能与之追踪。

翰林院修撰银溪王岳赠

赵祥顺　公生于元,福祥之子,有孝行。

口吐白毫毛,毛内见佛像,霪求立可晴,旱求立可降,鬼神服其灵,日月失其亮,功行超今古,翩翩不可尚。

监察御史西淙杨瑄赠

赵顺海　公生于元,祥顺之子,寿八十二,娶杨氏。

人世妖魔作崇按当做"祟"。殃，神师驱伏敢猖狂，任他风雨能呼至，天地阴阳自主张。

巡城御史萃峰张鹏题

赵赐　公生于元，顺海之子，洪武龙兴十五年，天兵征云南既平，以西平侯沐按乃"沐"之误。公保厘之，于时感通僧无极率徒入觐，公携子均从焉，献白驹一骑，白山茶一本。高皇纳之，山茶忽开一朵。上喜，命翰林大学士李翀应制赋诗赠之。赐御制诗十八章并序记，驰驿遣归。遇子护，迎公于滇，滇人留护治昆海龙，遂家焉。公寿七十二。

竺皇秘毗求种轮，自款灵阙山三月，来纳法德到归功行满朋，西土精闡不特千一，国都教卢紫菻孤。

编修车泉杨慎赠

（下略）

乾就谨按：太和龙关赵氏族谱为黄纸手卷，上有红朱长印多颗，文为"皇帝圣德，奉戴玄珠"，纸多断烂，以棉纸裱之，今仍断为大小二卷。全谱纸张如一，惟有新旧之分，故色素有赭黄、嫩黄之别而已。手卷一面工楷钞写"大般若波罗蜜多经卷第四十一"，题云："大理国灌顶大阿左犁赵泰升敬造《大般若经》[18]一部，聊申记云。"末有"时天开[19]十九年癸未岁中秋望日，大师攸清奇识"等字。字体工整，出自一人手笔。手卷之另一面，则为《赵氏族谱》，字体或工或拙，出自多手，盖时有补缀，及经卷既尽，复续纸为之也。

除上所择录及历代世系外，先后复有成化间湖广[20]德安府[21]判云贵解元段子澄之《赵氏族谱后跋》；嘉靖辛亥三十年后按原跋未题年月，惟文中谓嘉靖辛亥，以御史大夫致政家居，"于兹谱有感，复托中溪馆长名笔制后跋，以竟期终"云，则赵作当在嘉靖三十年后事。族人赵汝濂之谱跋；隆庆元年李元阳之《赵氏族谱跋略》；万历丙申二十四年昆明张养节之《昆阳赵氏族谱序》；凡此诸序跋，皆述及赵氏先世之所从出，而与许廷端之《太和龙关赵氏族谱叙》略同。

今按，赵氏自赵福祥而赵祥顺、赵顺海，祖孙三代亦父子连名。其始祖永牙，唐末人，自永牙至福祥数世，当亦如此，惜其名讳失传，无可考按耳。降及赵顺海子赵赐，父子连名制始废。赐，元末明初人，以习密宗，洪武间曾随感通寺僧无极入觐；此与龙关杨氏自明洪武间杨胜始不以父名连己名，正可参证，是则谓大理土著在元以前皆行父子连名制，迨明洪武十五年蓝玉、沐英戡定大理后，汉人移殖者日众，当地土人始渐渍汉化，举其远古之习惯而废弃之，当无可疑也。

注释

[1]　乔梦符《小桃红·效联珠格》：落话飞絮隔朱帘，帘静重门掩，掩镜羞看脸儿婪。婪眉尖，尖尖指屈将归期念。念他抛闪，闪咱少欠，欠你病恹恹。《乐府群玉》，全名《类聚名贤乐府群玉》。散曲总集。元代佚名编。五卷，专录小令。今传本残缺，存24家，700余首。

[2]　郑德辉《倩梅香》第一折《赚煞》：你道信步出兰庭，庭院悄人初静，静听是弹琴的那生。生猜咱无情似有情，情知嗏甚意来听。

听沉罢过初更,更阑也休得消停。停待甚忙将那脚步儿行。行过那梧桐树儿边金井,井阑把身躯儿掩映,映着我这影儿呵,好着我嫌杀月儿明。

[3] 马致远《汉宫秋》第三折《梅花酒》与《收江南》相接连珠。《梅花酒》:……我銮舆返咸阳,返咸阳,过宫墙。过宫墙,绕回廊。绕回廊,近椒房。近椒房,月昏黄。月昏黄,夜生凉。夜生凉,泣寒螀。泣寒螀,绿纱窗。绿纱窗,不思量。《收江南》:呀,不思量,除是铁心肠。铁心肠也愁泪滴千行。……

[4] 《白雪遗音》,俗曲总集,清华广生辑。四卷。收南北曲调780首。

[5] 《毛诗·大雅·既醉》全诗如下:(第一章)既醉以酒,既饱以德。君子万年,介尔景福。(第二章)既醉以酒,尔殽既将。君子万年,介尔昭明。(第三章)昭明有融,高朗令终。令终有俶,公尸嘉告。(第四章)其告维何,笾豆静嘉。朋友攸摄,摄以威仪。(第五章)威仪孔时,君子有孝子。孝子不匮,永锡尔类。(第六章)其类维何,室家之壶。君子万年,永锡祚胤。(第七章)其胤维何,天被尔禄。君子万年,景命有仆。(第八章)其仆维何,厘尔女士。厘尔女士,从以孙子。

[6] 《宋书·乐志》三载古词《平陵东》:平陵东,松柏桐,不知何人劫义公。劫义公,在高堂下,交钱百万两走马。两走马,亦诚难,顾见追吏心中恻。心中恻,血出漉,归告我家卖黄犊。

[7] 曹子建《赠白马王彪》共七章,自第二章起,章与章之间回环,现录第二、三章与第四章开头于下:(第二章)太谷何寥廓,山树郁苍苍。霖雨泥我途,流潦浩纵横。中逵绝无轨,改辙登高冈。修坂造云日,我马玄以黄。(第三章)玄黄犹能进,我思郁以纡。郁纾将何念?亲爱在离居。本图相与偕,中更不克俱。鸱枭鸣衡轭,豺狼当路衢。苍蝇间白黑,谗巧令亲疏。欲还绝无蹊,揽

䚣止踟蹰。(第四章)踟蹰亦何留?相思无终极……

[8] 李白《白云歌送刘十六归山》:楚山秦山皆白云,白云处处长随君。长随君,君入楚山里,云亦随君渡湘水。湘水上,女萝衣,白云堪卧君早归。

[9] 那喜,即纳西族。

[10] 《爨文丛刻》,中国古彝文经籍汇编。1929年,丁文江在贵州大方县找到彝族人罗文笔(1868—1947,彝名相多阿伦),请他翻译整理彝文典籍。罗对自己珍藏的7种彝文古籍加以注音、直译、意译,发表于1936年中央研究院历史语言研究所专刊。《增订爨文丛刻》,三卷本,马学良(1913—1999)主编,四川民族出版社于1986—1988年出版。

[11] 罗罗,即倮倮。

[12] 窝尼,史籍中对哈尼族的称呼。也作倭尼、窝泥。

[13] 毛奇龄(1623—1716),浙江萧山人,以郡望称西河。南明时,参与抗清活动,后改名"甡"予以逃避。康熙十八年(1679)入翰林院,任明史修纂官。长于经史。所撰《四书改错》,对朱熹《四书集注》有所抨击。有《西河合集》四九三卷。

[14] 《蛮司合志》,十五卷,记述明代云南、贵州、四川、广东、广西及湖广各省土司始末,并及各族风俗习惯。

[15] 景栋,今缅甸地名,又作"肯东(Kengtung)",位于缅甸东部,东边是中国云南及老挝,南边是泰国。

[16] 杜文秀(1828—1872),清末云南回族起义首领,字云焕,号百香。咸丰六年(1856)在蒙化(今巍山)联合回族、彝族、白族民众起义,攻占大理,称总统兵马大元帅,先后占领云南53州县,坚持15年,1872年失败被杀。

[17] 《藏晖室札记》,胡适1910年至1917年留学日记的摘编。

[18] 《大般若经》,全名《大般若波罗蜜多经》,又简称《般若经》。佛

教般若类经典的汇编。唐玄奘译,共 600 卷。"般若波罗多蜜"的意思是达到智慧的彼岸。

[19] 天开,南宋后期大理政权段智祥的年号,公元 1205—1225 年。

[20] 湖广,元朝设立的行省名,范围比较大,明朝时辖今湖北、湖南两省地区。

[21] 德安府,北宋宣和元年置,治所在今湖北安陆,1912 年废。

附录二　茶山歌[①]

　　1943年1月间我受滇西战时干部训练团的聘到大理去讲学,回来时带回两位茶山的朋友:一个住在片马的叫董昌绍,另一个住在噽夏的叫孔科郎。他们俩都是在密支那受过中等教育的。在把他们的语言记录到相当程度时,从3月15日起,我便开始记录他们的歌曲。虽说这是一件新鲜而有趣的事,但他们二位在昆明既住腻了,整天地被我们反复考问式的记音也闹烦了,他们对于唱歌的兴趣似乎也减低得多,所以记录起来不大顺手。

　　我一看他们那种神气,知道如果再用记录语音式的方法,一准没有好效果。临时我就推开纸笔,先慰劳他们一阵,然后说,我要学唱他们的歌,希望他们热心地教我。这样一捧他们,他们一看我手里没拿纸笔记录他们的口供,果然高兴些,当下把那严阵以待的空气和缓下来。

　　第一个唱的是董昌绍,他先谦虚了一阵,我再恭维一阵,他就摊开他预先写好的歌词唱了起来。因为他受了我们一两个月记音的训练,养成一个随时随处打顿的习惯,唱了两

　　[①]　这篇文章初稿原在南开大学《边疆人文》第1卷第5、6期合刊发表(1944年7月,昆明)。

拍就停下来,盯着我看。这真糟糕,记音的那一套怎么用得到记歌曲上面呢?八宝琉璃拆下来可就不成片段了。我想如果我不把我的两手放在使他能真正彻底放心的地方,这歌可能得记不成功。我即刻两手一托下巴,装做欣赏 Fostor 的名歌似地赞道:"好!好!"他这才放心,又从头起,一气儿地唱了下去。唱到歌词的第六行,也就是全曲一半的地方,他不唱了。问他,他说:下面的唱法同刚才一样。他的话使我不禁多想了一想,一看他那态度,我知道尽管我明白这里面没有那么简单,他也知道我明白这里面没有那么简单,我顶好别把局面弄僵了,就当他是唱完了吧,让他一句一句地教我。

　　他又开始唱第一句,这时使我最诧异的便是他这次的唱法竟和上次不同。

　　不管怎样,我是极细心地从万难之中去找他唱的节奏、延长音、速度、高低半音、滑动音,如我下面所附谱上所记的结果。而且我唱给他听,他认为我真是唱对了才罢。这时我的纸笔都拿出来了,这样,把全曲的上半弄完。我发现第六句末三拍他竟有两种唱法,有时这样,有时那样,没准儿。

　　下一半据他说是跟上半一样,到这时,我请他唱,他不耐烦地唱了,不但不大相同,简直说它大不相同也不为过,最末了一句也是两种唱法,忽而这样,忽而那样。这还不算,他把这一半整个儿地提高三度音来唱,我跟着提高上去,他又落下来了。我这才敢说他并非"转调"像最进步的"犯调"或西乐的大曲似的,只不过嗓子不得劲要换换罢了。

　　下一半我是另纸记录的,我把它当做一支新曲似的重新记录,歌者看我这样笨拙地硬要重写重记,而且把上半曲已经记好的谱和词像害羞似地藏起来,也不禁解颐。殊不知他看不着上半的词和谱,自自然然地唱,结果正如我所料的,曲词和上半竟不尽同。我仍是"必使反之而后和之",到他承认我所唱的和他唱的完全一样(连各种细微的地方都算在内),他完全赞叹他的学生学得真快真像真好,这才算了。

这时我把他手里拿的歌词撤去,要他和在本乡里一样自然流利地唱一遍全曲给我听。他大窘,他坚持着没有词就不能唱,这使我十分诧异。但到最后我让步了,他拿着词颇不自然流利地唱着,我一面在记录上作最后的修正,一面感觉他的唱法不灵。

第二个唱的是孔科郎,他来了,单刀直入地就掏出一张他预备好的连词带谱的"山头歌"Jing p'aw mak'awn 要唱,我一看真糟,赶紧请他喝茶,他一手接了茶,那只手仍抓着谱不放。我一面和他闲谈,不让他的眼睛落在谱上,一面借了他的谱过来把歌词另抄在一张白纸上,让他按我所抄的(只有词而无谱的)来唱。他是非常之坚决,"就是这样唱法。"我毫不能改变他的决意,唱四遍都一样。最后,他看见我始终和和气气的,才肯多告诉我一句话,这歌第一句要小声唱,第二句大声唱。我和他闲谈了一阵,他又说第一句乃是独唱,第二句是众人齐唱。如果我惮烦而不再问清楚,会把 piano(弱音,小声唱)和 solo(高音,独唱),forte(强音,大声唱)和 unison(和音,众人齐唱)搅在一团。

我对于他这种坚决的态度非常诧异,不过也没有别的办法,只好存疑,掉换话头,问他是否会唱第一位所唱的那首长歌。他回答不会。他们两人似乎早已有默契,各唱一首,馀非所闻,真是分工合作。通常依情理讲,他们两人同是一个地方的人,鸡犬之声相闻,何况活人在社会交际时所唱的山歌,焉能两人各会一首,其余的都不知道?

歌曲记完之后不久,他们两人又到滇西去了。本来我想拿歌词各个字的声调升降情形和歌曲的升降做一番比较,拿歌词的情绪和歌曲的情绪再做一番比较,因为材料太少,怕没有什么结果,故稍迟疑。

暑期中,我无意中在郊外听见有人隔着墙歌 Jing p'aw mak'awn。第一句和孔科郎唱的相同,第二句末一音改为 solo,有第三句,与第一句略同,照他的唱法应有第四句,但是唱的人突然停了。接着便是一阵嘻嘻哈哈的打闹。我等了好久,无结果而回。一方面怅惘,一方面确信第二首歌另有唱法。

这使我心里很懊恼,费了好大的劲,以记录语音似的细心耐性和听习大乐章(symphony)似的紧张机警,结果是连兔都没有搏到,于是把它丢在抽屉里一年没理会。

最近看到徐梦麟先生《云南农村戏曲史》之末附有花灯剧的《茶山调》,跟我所记的两首不同。据张清常君的意见,以为花灯剧的唱法,有乐器伴奏,又有过门,更配上汉语的歌词,距离原来茶山歌的面目太远了,故未引用。

当我和张君谈起这两位茶山人唱歌的情形,照他的看法,我这次的记录不但没失败,而且有重要的发现,他解释这次种种不顺利的原因:

1. 在文化比较落后一点的地方,当然不会有许多受过专业训练的歌者,大概是每个人都会唱,都唱得不大好。优劣既在伯仲之间,这次所找的发音人虽不见得好,再到茶山去找也差不多。

2. 民歌本来就没有什么准确固定的唱法,因人而异,因地而异,即使是同一个人唱也以其兴之所至及歌词略有改异就会随时变更唱法。所以第一位发音人唱唱改改,虽似不规则,正是田野间天籁式的作风。第二位发音人把曲调预先写完,不过是求其简单化,省事,等他到了田野山林中,一定会自然而然地唱出花腔来。

他认为我这次调查所得的曲调,风格正与我国内地的民歌相合(关于这个问题他已先发表了两篇短文,一篇是1941年写的《抗战歌曲采用民歌风格问题》,一篇是登在南开大学《边疆人文》第3期上的《从我国内地民歌说到边疆歌谣调查》)。音乐是民族精神最真实的表现,由此可知我国内地汉人和茶山人本是一家,茶山人不应该轻信外人的离间挑拨。

经张君这样一讲,我很高兴我不但知道茶山人的语音语法词汇,而且发现和我国内地民歌风格相同的茶山歌,真可算是一种意外收获了。

现在且把我所记的歌谱抄录在下面:

第一首系男女作爱时所唱,董昌绍唱,因用到假嗓,故音域(compass)甚广。

附录二 茶山歌

a-shik\ by-ap\　　mi┤ law┤ hga\
不 死 的 树　　　赶　　去　了
雀 雏 不　　　死 的 树 上 去

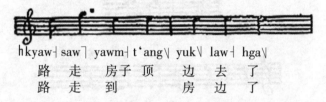

hkyaw┤ saw⌐ yawm⌐ t'ang\ yuk┤ law┤ hga\
路　走　房子顶　边 去 了
路　走 到　　　房　边　了

(4)

gyit\ gu┤ sheng⌐ t'ang\ k'ap┤ law┤ hga\
水　过　湖　边　到(过)去 了
水　走　到　　湖　边　了

＊表示滑音（appoggiando）

（1）或唱作

（2）或唱作

（3）或唱作

(4) 或唱作

第二首孔科郎所唱的山头歌比较简单,系新屋落成时男女合唱,共唱四遍,每遍两句,据说上句一人独唱,下句众人齐唱:

Jing p'aw mak'awn
Andante solo　　景　颇　歌
　　　　　　　　　山　头　歌

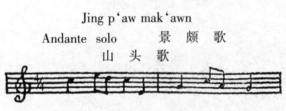

1. chyi┤　law┐　ga\　wa\　nau\　law?　ai┘,
　 起　　声　　话　　来　　很　　多　(助词)

2. chyi┤　law┐　ga\　wa\　nau\　lai┘　ai┘,
　 起　　声　　话　　来　　很　　多　(助词)

3. ma┤ling┤　p'un┐　gaw\　preng┤　ai┤　　law
　 大树林　　树　　　是　　直高　(助词)　喽

4. a\　　jan┤gum┤din┤　tsaw\　ai┤　law
　 太　　阳　圆　　　　高　　(助词)　喽

附录二 茶山歌 · 191 ·

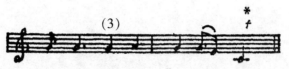

1. k'aˇ shiˇ k'aiˇ gaiˇ na⃗ⁿ gawˇ ai˧
   水   溪   水   河   弯   （助词）

2. nam˧ na˧ num˧ ruˇ ma˧ naiˇ ai˧
   小树林 里   蔓   草   绕   （助词）

3. ma˧ shaˇ saiˇ mungˇ k'yeng˧ ai˧ law˧
      人   血   也   红   （助词）喽

4. a˧ˇ shu˧ shan˧ mungˇ law? ai˧ law˧
      野   兽   也   多   的   喽

译　文

其一,说起话来真很多,溪水河水一样弯,
　　（注,水弯喻人心不好）

其二,说起话来格外多,丛生蔓草绕小林,
　　（注,蔓草亦喻人心不好）

其三,林中大树直且高,人之血赤而红,
　　（注,树高血红均喻好）

其四,太阳圆而高,野兽众且多,
　　太阳可望不可及,野兽虽多不可得。

附录三 从客家迁徙的踪迹论客赣方言的关系[①]

一、客家话和江西话的近似点

在我研究江西临川[1]话的时候,我发现这种方言和客家话有许多类似的地方。若拿临川话和可以代表客家的梅县话来比较,我们可以指出下面几种相同点:

(1) 古浊塞声一律变送气的清塞声。古浊塞声并定诸纽,在官话系的方言里,平声变送气的清塞声,仄声变不送气的清塞声。临川话和梅县话却不论平仄一律变送气的清塞声。例如:属于古并纽 b' 的"蒲""部",声母都念作 p',属于古定纽 d' 的"徒""度",声母都念作 t'。

(2) 古晓、匣两纽的合口变 f。例如:属于古晓纽 x 的"呼""火""化""忽"等字,属于古匣纽的"胡""户""活"等字,在别的方言里有的都变 x,有的都变 h;这两种方言把这些字都念成 f 声母。

[①] 这篇文章的初稿原来用作《临川音系》的叙论;后来又单独抽出修订,在《中国青年》第 7 卷第 1 号上发表过(页 83—84,1942 年)。

(3) 保存闭口韵尾-m、-p。例如"贪""南""三"等字都是-m韵尾。"答""杂""纳"等字都有-p韵尾。这是和广府话、福佬话相同的现象。

(4) 咸、山、蟹三摄在见系声母后残余一、二等分立的痕迹。

照近人所拟的《广韵》音,一等的覃、谈、寒、桓、咍、泰诸韵的主要元音是侈 a,二等蟹、衔、山、删、皆、佳诸韵的主要元音是弇 a。这种分别在多数方言里都混淆了。临川话和梅县话①都把"感""甘""鸽""盍""干""喝""官""括""该""盖"等字的主要元音都念成 o,把"减""监""夹""匣""奸""瞎""关""刮""皆""佳"的主要元音都念成 a。这虽限于在见系声母后边方保存,可是古代侈 a 和弇 a 的分别,总算反映出一点儿遗迹来。

(5) 鱼、虞两韵的精组、见系、来纽字变 i。例如:"居""鱼""句""驱"和"饥""尼""冀""欺"同音,"徐"和"齐"同音,"驴""缕"和"黎""旨"同音。

(6) 侯韵读 εu。例如:"头""猴""口""走"的韵母,在外方人听起来颇可以表现这两个方言的特别腔调。

(7) 庚、耕、清、青的话音读 ang 或 iang。例如:"棚""冷""生"的韵母,这两个方言的话音都念 ang;"饼""井""晴"的韵母,这两个方言都念 iang。

---

① 关于临川话部分,参阅罗常培《临川音系》,前中央研究院历史语言研究所单刊甲种之十六,1940 年商务印书馆印行;关于梅县话部分根据赵元任两广方言调查记录。

这几点是临川话和梅县话近似的地方。可是临川话的章、昌两纽字和知、彻两纽字同变 t、tʻ，以及来纽在今齐齿呼的前头变 t 之类，却是梅县话所没有的；梅县话的去声不分阴、阳，声母 n、l 不混，模韵的精纽和鱼、虞的庄组韵母变 z，以及宕、江、通三摄的入声保存 -k 尾之类，也显然和临川音不同；然而从音系的全部来看，总算是大同小异的。所以我颇疑心这两种话是同系异派的方言。

固然，要断定两个方言的亲属关系单靠音韵的近似是不够的，除此之外，还得注意到词汇和语法的各方面。可是我现在很想从客家迁徙的历史上找出一线索来。

二、客家迁徙的动因

客家迁徙的动因，据正史和客族宗谱的记载，在南宋以前主要的有三：第一次是晋永嘉乱后元帝的渡江；第二次是唐僖宗末黄巢起义；第三次是南宋末年元人的南侵。关于这三次迁徙的背景和经过，罗香林[2]在《客家研究导论》中论客家的源流一章已经有详细的记载①。他的结论说：

客家先民东晋以前的居地，实北起并州上党，西届司州弘农，东达扬州淮南，中至豫州新蔡、安丰；换言之，即汝水以东，颍水以西，淮水以北，北达黄河以至上党，皆为客家先民的居地。上党在今山西长治县境，弘农在今河南灵宝县南四

---

① 参阅《客家研究导论》，页 40—58 [1933；上海文艺出版社，1992]。

十里境上,淮南在今安徽寿县境内,新蔡即今河南新蔡县,安丰在今河南潢川、固始等县附近。客家先民虽未必尽出于这些地方,然此实为他们基本住地,欲考证客家源流,不能不注意及此。客家先民第一次迁移的途径,远者自今日山西长治起程,渡黄河,依颍水,顺次南下,经汝颍平原,达长江南北岸;或者由今日河南灵宝等地,依洛水,逾少室山,自临汝,亦经汝颍平原达长江南北岸。要之,客家先民第一期的迁移,大抵皆循颍、汝、淮诸水流域,向南行动,这可是从该地自然地理推证出来的。至于第二次的迁移,则远者多由今河南光山、潢川、固始,安徽寿县、阜阳等地,渡江入赣,更徙闽南;其近者则径自赣北或赣中,徙于赣南或闽南,或粤北边地。第三次的迁移则多自赣南或闽南徙于粤东、粤北。①

此外,清初因为人口膨胀,和咸、同之际因为"土、客相仇"的两次迁徙,都和本题没有什么关系,所以这里不去引它。

三、客家三次迁徙和江西所发生的关系

现在且把罗君书中和江西移民有关系的材料略加订补,分别叙述如下。

关于第一次迁徙的记载,据《兴宁温氏族谱》说:

我温族发源于山西、河南,子孙蕃衍。逮东晋五胡乱华,

---

① 参阅《客家研究导论》,页63—64。

怀愍帝为刘渊所掳,我峤公时为刘琨记室。晋元帝渡江,峤公奉琨命,上表劝进。

又《崇正同人系谱》"温氏"条:

后峤出镇洪都[3],子孙因家焉。

又同书"赖氏"条:

今赖氏郡望亦称松阳。遇子匡,显于义熙时。后见晋室凌夷,遂告归。其子硕,字仲方,晋末丁世变,避居南康。

又同书"钟氏"条:

其族皆处中州。东晋末,有钟简者,世居颍州,生三子:长曰善,次曰圣,三曰贤。元熙二年,避寇南迁……贤则徙居江西赣州。

若拿正史来印证,则《晋书·地理志》"司州"条说:

元帝[317—322A.D.]渡江……后以弘农[4]人流寓于寻阳者侨立为弘农郡。

又"扬州"条说:

及胡寇南侵,淮南百姓皆渡江。成帝[325—342A.D.]初,苏峻、祖约(为)乱于江、淮,胡寇又大至,百姓南渡者转多,乃于……寻阳[5]侨置松滋郡①[6]遥隶扬州。

到安帝时,何无忌以(司州之弘农,扬州之松滋)二郡,寄在寻

---

① 晋松滋故城在今安徽霍丘县东15里。

阳,人户杂居,并宜建督,安帝从之。后又省松滋郡为松滋县,弘农郡为弘农县,并属寻阳郡。《宋书·州郡志》"江州寻阳太守"下也说:

江左流民寓寻阳,侨立安丰、松滋二郡,遥隶扬州,安帝省为松滋县。寻阳又有弘农县流寓,(宋)文帝元嘉十八年省并松滋。

徐文范[7]《南北朝舆地表·郡县表》卷十一"东晋浔阳郡"下,参合晋、宋两志说:

元帝侨立弘农郡,成帝侨置松滋、安丰二郡,遥隶扬州①。安帝末领松滋、弘农二郡为二县,旋又省安丰郡为县,并属郡。

又《晋书·地理志》"豫州"条:

(孝武)因新蔡县人于汉九江王黥布旧城置南新蔡郡。

《宋书·州郡志》以南新蔡太守隶属江州,东晋时领有褒信、慎、宋三县[8],徐文范《南北朝舆地表》依照《宋志》的说法,也把南新蔡郡附在东晋的浔阳郡下。当时为安插河南、安徽一带的流民,既然在浔阳郡所属的地方侨置郡县,可见他们逃到江西的很多了。此外刘铎所修《江西通志·舆地略》论广信的风俗:

信自永嘉东迁,衣冠避地,风气渐开。

---

① 《晋书·地理志》"扬州"条原文。

又同书"吉安府"条引《通典》说:

> 衣冠所萃,文艺儒术为盛,闾阎力役,吟咏不辍。

那么,我们就可以说:东晋永嘉以后,中原流民逃到江西的,北自九江,东至上饶,南经吉安以达赣州、南康,都有他们的足迹。这就是客家第一次迁徙和江西所发生的关系。

自唐僖宗乾符二年(875)濮州[9]王仙芝在长垣倡乱,有众三千余,破曹[10]、濮两州,又裹胁了一万多人,所在抢掠,声势很大。曹州人黄巢遂和他的徒党八人,募集了几千人来响应仙芝。这两股合起来,转寇河南道十五州,不久就聚集了好几万人。于是分兵进扰淮南道的申、光、安、舒、庐、寿、和、黄、蕲等州[11],山南道的邓、郢、复、隋、朗等州[12],江南道的江、洪、岳、潭、宣、润等州[13]。五年(878)仙芝授首后,尚让率仙芝溃党归黄巢,推黄巢为王,号冲天大将军。从此黄巢驱河南、山南两道的百姓十几万,进掠淮南,被官军所阻,乃转寇浙东。旋收众逾山西,破虔、吉、饶、信等州[14],刊山伐木,开道七百里,直趋闽西建州[15]。六年(879),由别道围福州。旋又出湖、湘,陷桂管[16],进寇广州。不幸赶上大瘟疫,部下死亡很多,不得已领众北还。从桂州[17]编大木排,沿湘水,下衡、永[18],破潭州,进逼江陵,十月遂据荆南,号五十万众。在荆门被曹全晸、刘巨容所败,巢惧,渡江东走,部众被俘虏的很多。后来又整顿残部攻入鄂州[19],转掠江西,再入饶、信、杭州,攻临安[20],为戍将董昌所败。又回来扰乱宣、歙等十五州,数受挫折,乃退保饶州。乘机会陷睦、婺[21]、宣州,又和仙芝党刘汉宏的残众合起来,渡采石,侵扬州。所过居民逃散,官兵望风而降。广明元年(880)九月,全军渡淮,犯申、光、颍、宋、徐、兖、汝[22]等州,十一月攻陷洛阳,进取陕、虢[23]。遂破潼关,入长安,称齐帝。① 总计黄巢从倡乱到称帝,中间曾被他抢掠屠杀的,拿现在的省份来算,前后几乎达十省。其中尤以今日河南西南部、湖北东南部、湖南东南和东北两部、广西东北部、广东中部、江西中部北部、福建西北部和北部、安徽西南部、浙江西北部等地方,受祸最厉害。这些地方恰好是客家第一次迁徙后所居住的,他们为避免浩劫,只好再向别处奔逃。这时候全国扰攘,民无宁居,只有江西东南部(即上饶以南,赣水以东)、福建西南部(即旧汀州八属)[24]、广东东部和北部(即惠、潮、嘉、和、清、南、韶、连各属),侥幸没受黄巢的祸害。于是东晋永嘉以后迁移到河南西南部、江西中部北部和安徽南部的客家,到这时候就有一大部分迁移到上面所说的乐土。其中有由江西迁到别处的,如始兴《平阳堂饶氏重修族谱》说:

> 始祖讳元亮,世为饶之鄱阳人,仕唐德宗,晚寓南城(建昌府)。生五子……后遭兵燹,迁徙无常,不能悉数。

始兴《范阳卢氏五修谱》说:

> 至于有唐,有讳富公者,南京分脉,而迁江右虔州虔化[25]县。富生广,广生卓,卓生光稠公。僖宗乾符二年,王仙芝、黄巢操谋不轨,剽掠州郡,远近震骇。公独以虔、韶二州请命京师,愿通道输贡。……稠公生三子:长希一,次延昌,三孟

---

① 参阅《旧唐书》二〇〇下、《新唐书》二二五《黄巢传》。

坚。……益公(延昌八世孙)与县尹公(孟坚八世孙)筮出闽省,令莆田,考满,次永定,属上杭大塘坳瓦子乡而居。

《江西罗氏大成谱》说:

　　迨下唐僖宗[873—888A.D.]之末,黄巢作乱,我祖仪贞公,至仕隐吉,因家吉、丰[26]。长子景新从赣州府宁都州,历数十年,又迁闽省江州[27]府宁化石壁村,成家立业。

又《崇正同人系谱》"罗氏"条说:

　　历代相承,繁殖中土。自东晋南渡,罗之族人遂有南来而奠居于江、浙之间者。据《罗氏族谱》称:唐末有铁史公之子景新,因避黄巢之乱,与父分散于虔州,乃迁于豫章,之闽省汀州宁化县石壁洞葛藤村紫源里家焉。

《松口钟氏族谱》说:

　　向公为江阳(?)太守,时因军乱大变,自颍川逃难,在江西雩都[28]县竹子坝窜寂乡住。后流在福建宁化县白虎村安家乐业。

《崇正同人系谱》"温氏"条说:

　　至九郎公(原住江西南昌)因避黄巢之乱,转徙闽汀之上杭。

又同书"古氏"条说:

　　……五代至古蕃(原住洪州),生于唐乾符[877],曾任窦州[29]都监,有子六人,当五季之世,中原扰攘,遂南迁岭表。长曰全交,居古云;次全规,居江下;三全则,居白沙;四全望,居增城;五全让,居惠州;六全赏,居高州。

又胡曦《宋乡贤罗学士遗事考略》引《兴国州罗氏家谱》说:

> 昌儒(世居豫章)唐昭宗朝进士,官循州[30]刺史,因黄巢乱,道路梗塞,流寓不归。

也有由别处迁到江西南部或东部的,如《崇正同人系谱》"萧氏"条说:

> ……至三十世孙萧觉,仕唐,值乱,举族出逃,分居湖广及江西泰和、庐陵等县。

兴宁《吴氏族谱》引其上世《文福公实录》说:

> 吾祖宣公,随父任,居蜀阆州。……吾祖夫妇有深远之虑,挈眷回籍。于后晋高祖天福元年丙申,时吾年四岁,吾祖年六十有三,偕祖母与父纶公,叔经公、绍公合家渡江,徙今江西抚州府临川县之石井。留二叔经公居此,又与父纶公,三叔绍公,易居江西建昌府南丰县。……时后汉乾祐元年戊申岁九月。

这些客家巨族,或从赣北移到赣南(饶氏),或从赣南移到汀州(廖、卢、罗、钟诸氏),或从赣中移到广东(古氏和兴国罗氏),还有由外省移到赣南或赣东的(萧、吴二氏):这就是客家第二次迁徙和江西所发生的关系。

在客家第二次迁徙后,将近四百年的光景,元兵大举伐宋,端宗德祐二年(1276)二月,临安陷落,帝"率百官拜表祥曦殿,诏谕郡县,使降大元"。五月,陈宜中等立益王昰于福州,改元景炎。九月,元兵从明州[31]、江西两路进迫。招讨也的迷失会东省兵于福州,元帅吕师夔、张荣实将兵入梅岭。景炎二年(1277)正月,元军破汀关,是时宋臣文天祥、张世杰、陈宜中、陆秀夫诸人,犹力谋抵抗;闽、粤、赣的义民也纷纷的起来勤王。于是闽、粤、赣的交界地遂成为双方辗转攻守的场所。向日住在这些地方的客家,或辗转逃窜,流入广东东部、北部;或愤起勤王,随从帝昰、帝昺战死于碙州或崖门①[32];结果遂成了客家的第三次迁移。我们现在从客族谱牒中也发现一些关于当时江西移民的记载。如《五华魏氏谱》说:

三十九(世)淑玉公(原住江西石城县),生四子,曰元、亨、利、贞。时值宋末,天下混乱,有文天祥、陆秀夫、张世杰三人扶宋主在赣州霸截水道。元主起兵二十余万,从建昌[33]而来,杀戮人民,在此经过,是谁敢当?我祖兄弟惊恐流涕,商议只得移别处逃生。以是兄弟行经宁化,不得已号泣分袂,移居三郡。元公至惠州长乐(今五华),为一世开基祖。……亨公迁福建汀州上杭,后迁惠州龙川县。……

兴宁《黄陂曾氏族谱》说:

悙官封鲁国公。宋政和壬辰年[1112],由南丰徙福建宁化县石壁下居焉。生子仲辉,辉子桢孙、佑孙,因宋、元兵扰,不能安居,由宁化徙广东长乐县家焉。现居兴宁、梅县、平远、镇平[34]、五华、龙川、惠州、河源、和平、广州、新宁等县之曾姓,皆为此祖之后。

---

① 参阅《宋史》四七《瀛国公纪》。

和平《徐氏族谱》说：

> 吾祖德隆，实积之六世孙。王父曰暄，为宋宁宗时都统，扼于权奸，去位，卜居于豫章之吉水。孙男二：道隆，德隆，均先后为度宗时提刑。解组未几，元兵南下，道隆起兵勤王，力战而父子俱殁。德隆则随宋帝度岭而南。迨宋祚已绝，义不臣元，遂择龙川乌龙镇（案乌龙镇即今和平县）居之。

又《崇正同人系谱》"徐氏"条，述徐氏别派的迁徙经过说：

> 宋末有徐一郎者，自江西宁都迁福建上杭，其弟二郎迁连城，传五世，曰真人，迁居长乐（今五华）。

又同书"谢氏"条说：

> 宋景炎年间[1276—1278A.D.]，有江西赣州之宁都谢新，随文信国勤王，收复梅州，任为梅州令尉，时景炎二年三月也。新长子天祐，遂家于梅州之洪福乡。

又同书"饶氏"条：

> 宋末其族人有世居永丰之名四郎者，父为福建汀州推官，丁世变，因家于汀之八角楼。及四郎复迁于潮之神泉乡，即今大埔境。

以上这五姓由赣中或赣南迁移到福建西南部或广东东部北部的，这就是客家第三次迁徙和江西所发生的关系。至于清朝康熙以后，因为人口过剩，再从旧嘉、应、汀、赣各州所属搬到赣西的遂川、万载、萍乡、修水等县的客家，我们现在还不把他计算在内。

从以上这些材料里,我们可以从客家迁徙的踪迹找到他们和江西的关系。再从语音的系统来参证,我们就可以假定一部分江西话可以代表第二期客家所遗留下来的语言。

四、结　论

这个假定虽然只是一个问题的发端,可是很值得有人来继续探讨。我尝说,如果有人把客家问题彻底地研究清楚,那么,关于一部分中国民族迁徙的途径和语言演变的历程,就可以认识了多一半。从事这件工作,一方面固然可以拿语言的系统去推迹民族迁徙的途径,一方面也可以拿民族迁移的历史去联络语言的关系:我这次研究就是一个初步的试验。据罗香林君调查,江西省的纯客住县,还有寻邬、安远、定南、龙南、虔南[35]、信丰、南康、大庾、崇义、上犹等十县,住在这些地方的客族,有从唐、宋时就落籍其地的,也有从明、清以后才由闽、粤搬去的。至于已经知道的非纯客住县,则有赣县、兴国、雩都、会昌、宁都、石城、瑞金、广昌、永丰、万安、遂川、吉安、万载、萍乡、修水、吉水、泰和等十七县,住在这些地方的客族,和湘、赣系的人们错杂居住,交涉很多,可是他们的语言风俗,直到现在还是截然不混。① 我觉得,我们现在不但对于罗君所举的"纯客住县"和"非纯客住县"要一一地调查,就是其他和客家话系统相近的江西方言也得仔细比较,为的是好找出各期客家话的流变,然后进一步再和广

---

① 参阅《客家研究导论》第三章,页94。

东、广西、福建、湖南、四川、台湾等处所有客家话去比较,同时再尽量多搜集客家的宗谱,作为推寻迁徙途径的帮助,那么,整个客家语组的纵横两方面或许就显豁地表现出来。到了那个时候,我这个假定才有证实的希望。

注释

[1] 临川,郡名,三国吴置,约辖今江西抚州地区。隋改为抚州。后曾经改为临川郡。1949年设抚州市,1987年改名临川市,2000年改为地级市抚州市,下设临川区,为2000年前抚州市的范围。作者著有《临川音系》(1936)。

[2] 罗香林(1906—1978),广东兴宁人,客家研究的奠基人,1930年清华大学毕业,1936年任教中山大学,1949年以后在香港新亚学院、香港大学任教。另有著作《客家源流考》《中国族谱研究》等。

[3] 洪都,即今南昌市。

[4] 弘农,西汉所设郡名,辖今河南黄河以南、洛阳以西地区。西晋都洛阳,弘农郡辖境缩小,名称未变,东晋南渡后,随之南迁的原弘农地区民众流落于寻阳(今江西九江)一带,遂于寻阳侨设弘农郡。

[5] 寻阳,古郡名,县名。西汉置寻阳县,治所在今湖北黄梅西南,东晋移置今江西九江市西,后废入柴桑县。隋开皇九年改柴桑重置,治所在今九江市。西晋分武昌、庐陵二郡置寻阳郡,治所在寻阳。隋开皇九年废。

[6] 松滋郡,原在今安徽西南部,东晋侨置于今湖北荆州南今松滋市地。松滋郡原属扬州,这时虽然不在扬州领界,但行政关系仍属扬州,所以说"遥隶"。

[7] 徐文范(1734—1803),今上海嘉定人。所撰《南北朝舆地表》二十四卷,勾稽毫发,穷极幼眇。

[8] 褒信、慎、宋三县,褒信,原在今河南新蔡县南。慎县,原在今安徽肥东县北。宋县,原在今河南商丘市。

[9] 濮州,古地名,辖今山东鄄城和河南濮阳等地,1913年改为濮县,属山东省,1956年撤销,并入范县,1964年范县划归河南省。

[10] 曹州,即今山东西南部曹县。

[11] 淮南道,治所在扬州,辖长江以北,淮河以南,西至今湖北广水、武汉一线,东至黄海地区。申州,即今河南信阳市。安州,治所在今湖北安陆县。舒州,治所在今安徽庐江县境。庐州,治所在今合肥市。寿州,治所在今安徽寿县。和州,北齐置,治所在今安徽和县,1912年改为县。黄州,治所在今湖北黄冈市。蕲州,治所在今湖北蕲春。

[12] 山南道,辖今嘉陵江以东,秦岭以南,湖北郧水以西,河南伏牛山西南,至湖南西北部地区。郢州,治所在今湖北钟祥市。复州,治所在今湖北仙桃市。隋州,即随州,治所在今湖北随州市。朗州,治所在今湖南常德市。

[13] 江南道,辖今浙江、福建、江西、湖南等省及江苏、安徽两省长江以南等地区。江州,治所在今江西九江市。洪州,治所在今南昌市。岳州,治所在今湖南岳阳市。潭州,治所在今长沙市。宣州,治所在今安徽宣州市,隋唐以后为宣城县,1987年改设宣州市。润州,治所在今江苏镇江市。

[14] 山西,当为江西之误。虔州(治所在今江西赣州市)、吉州(治所在今江西吉安市)、饶州(治所在今江西鄱阳县)、信州(治所在今江西上饶市县)均属江西。

[15] 建州,治所在今福建建瓯市。

[16] 桂管,属岭南西道节度使。唐代在岭南地区设立特别行政区,

岭南节度使分五管(又称经略军):广(州)管、桂(州,今广西桂林市)管、邕(州,今广西南宁市)管、容(州,今广西容县)管、安南管,桂管辖桂、梧、贺、柳、富、昭、环、融、古、思、唐、龚、象十三州,均在今广西壮族自治区东北部。

[17] 桂州,治所在今广西桂林。

[18] 衡、永,衡州,治所在今湖南衡阳市;永州,治所在今湖南永州市。

[19] 鄂州,治所在今武昌。

[20] 临安,东汉置临水县,晋改临安。在今杭州市西,1996年改为临安市。南宋时改为杭州,为临安府的属县。

[21] 睦,治所在今浙江建德市。婺州,治所在今浙江金华市。

[22] 申、光、颍、宋、徐、兖、汝,州名。申州,治所在今河南信阳市。光州,治所在今河南光山县。颍州,治所在今安徽阜阳市。徐州,辖今徐州一带。兖州,治所在今山东兖州市。汝州,治所在今河南汝州市。

[23] 陕州,治所在今河南陕县境。虢州,治所在今河南卢氏县。

[24] 汀州八属,指汀州府所属长汀、上杭、永定、武平、宁化、清流、归化、连城八县。

[25] 虔化,即今江西省宁都县。

[26] 吉、丰,吉州,今江西吉安市;丰城,在今吉安市东北。

[27] 江州,疑为"汀州",见下段引文。

[28] 雩都,改换地名生僻字,今作于都。

[29] 窦州,在今广西苍梧县境。

[30] 循州,在今广东惠州市东。

[31] 明州,治所在今浙江宁波市。

[32] 硇州,即硇洲,今作碙洲,岛屿名,在广东雷州湾外。崖门,在珠江三角洲西南侧。

[33] 建昌,旧县名,即今江西省南城县。

[34] 镇平,在今河南南阳市。但上下文多为今广东县名,新宁县在今湖南邵阳市,疑这里不是指今河南的镇平。广东另有连平县、饶平县、开平市,或为其中之一。

[35] 虔南,改换地名生僻字,今作全南。

附录四　语言学在云南[①]

英人戴维斯(H. R. Davies)说："在阿萨姆与云南东部边界的地方和这个区域以南的印度支那许多国家,据我所闻,在世界任何部分几乎没有像那样分歧的语言和方言。"(Yunnan p.332)的确,这话并不是夸张,凡是到过这一带地方的都可以证明它靠得住。假使有几个受过训练的语言学家在这个区域里花上他们的半生精力,也会有取之不尽用之不竭的材料。

自从1938年春天国立中央研究院历史语言研究所和国立北京大学文科研究所相继搬到昆明,一部分研究语言的人,一方面想尽量发掘这块语言学的黄金地,一方面感觉图书仪器缺乏,别项工作不易进行,都打算利用当前环境做一点垦荒事业。五年以来,由两三个中年人领导几个青年人,在交通梗阻、生活高涨、经费拮据、印刷困难的情境之下,大家咬紧牙关也还作了些工作。本文就是把几年工作状况作一篇简单报告,以自勖励,并就正于国人。

我们这几年的工作可以分作五纲四十一目来报告:

[①] 这篇文章初稿原在《边政公论》第9、10期合刊发表(1943年,重庆)。

（甲）汉语研究

云南的汉语属于西南官话的一支，音系简单，和北部官话相近。声调只有阴平、阳平、上声、去声四类。入声大部分变阳平，但有少数方言自成一类。我们初到昆明时候，因为这种方言和国语近似，都鼓不起系统研究的兴趣来，所以在1938、1939两年只有零零碎碎的研究而没有大规模的调查。后来我觉得调查方言不应专注意音韵近古和词汇特殊等观点，主要还得充实方言地图，确定"同音圈线"（isogloss）。全国有一个地方没经过精确的科学调查，那么，方言地图上那一角终究是个缺陷。因此我建议历史语言研究所当局应该利用眼前的机会，因利乘便地做一次云南全省方言调查。于是1939年先印成了"281"式调查表格，第二年这个计划便全部实现了，现在把这几年里我所记得的工作列举于下：

（一）**昆明话和国语的异同**，罗常培，1938年，已在《东方杂志》第38卷第3号发表。

这篇文章是根据一个十五岁小学生叫做朱炯的发音记录整理出来的。内容对于声母提出（1）尖团不分，（2）ㄓㄔㄕ三母读音，（3）日母读音，（4）ㄋㄌ两母不混四点；对于韵母提出（1）撮口呼变齐齿呼，（2）复元音的单元音化，（3）ㄢㄤ两韵尾的失落，（4）ㄣㄥ两韵尾的失落，（5）国语ㄧㄣ和ㄧㄥ因韵尾失落而变为同韵，（6）国语ㄧㄢ和ㄩㄢ两韵变成同韵，（7）ㄛ韵的圆唇程度略减，（8）ㄥ韵在唇声字后主要元音的圆唇程度加强等八点；对于声调阴、阳、上、去四类的曲线异同也列了一个对照表。

（二）**保山话记音**，董同龢，1938年，未发表。

没有到云南以前看到《天南外史》小说里记载杜文秀京控一段故事就引起我对于保山话的注意。到昆明后，有的说保山话像南京话，有的说保山话像北平话，更加引起我们探索的兴趣来。为解决这个疑问，于是由董同龢请了一位保山张君来记音，并灌制了音档。结果证明保山话同南京、北平话只是相近，并不相同。

（三）**洱海沿岸四县方言调查**，陈士林，1939年，国立北京大学中国文学系毕业论文，未发表。

此文包括大理、凤仪[1]、宾川、邓川[2]四个单位，每单位记录它的音系、同音字汇和古今音比较等项。最大的发现是邓川入声的调值虽然极近阳平，却自成一个独立的音位。

（四）**蒙自同音字汇**，詹锳，1939年，国立北京大学中国文学系毕业论文，未发表。

此文根据1929年历史语言研究所印行的三千字方言调查表格记音，在同音字汇以前，对于音韵系统和古今异同也有详细的叙述。

（五）**云南全省方言调查**，丁声树、董同龢、杨时逢，1940年，总报告尚未发表。[3]

这是历史语言研究所在抗战期间第一次大规模的方言调查，和以后的四川方言调查可以媲美。这次除去记音还灌制了许多音档。他们所调查的单位计有：昆明（城），嵩明（城，本纳克村），晋宁（清和乡），昆阳*[4]（城），富民（城），玉溪（杯湖村，新民村，朱帽营），呈贡（江尾村），澂江（代村），易门(新城),通海(城),河西*(汉邑),泸西(城),开远(城),蒙自(大屯),峨山(城),路南(西能村,城),弥勒(城),罗平(乐崖村,富罗街,城),宜良(城,文兴乡),陆良(静宁街),建水(城),石屏(城,宝秀镇),个旧(城),屏边(城),文山(城,平坝街,砚山乡),永平(城),宁洱*(凤阳镇),缅宁*(城),思茅(城),元江(迤萨),墨江(碧溪镇),景东(城),镇康(明朗街),顺宁*(永和村),耿马,马关(新华镇),武定(城),元谋(城,上雷窝村),云县(新城,大寨村),安宁(城),禄丰(城),镇南*(城),楚雄(城),弥渡(城,阮家营),蒙化*(城),大姚,姚安(城),祥云(左所),凤仪(上锦场),宾川(挖色),大理(城),邓川(中所,下江尾),洱源(龙门村),鹤庆(城),剑川(城),漾濞(城),兰坪(中和村),华坪(城),盐津(普洱渡),盐兴*(黑井),云龙(石门井,诺邓井),丽江(玉龙关),维西(桥头村,叶枝村),保山(城),腾冲(城,九保镇),龙陵(城,镇安所),镇沅(按板井),潞西(猛戛),澜沧(募乃),罗次*(城),曲靖(城),沾益(文化乡),禄劝(城,万希古村),寻甸(疑庄),马龙(张家屯),宣威,平彝*(城),永胜(城,马军乡),巧家(城),会泽(城),昭通(城),大关(城),绥江(城,关口镇),江川(龙街),师宗(设业村),双柏(城),富宁(剥隘),华宁(城),昌宁(达丙镇),牟定(城,施大路),西畴(畴阳新街),镇雄(仁和乡),永善(井舍),新平(城),丘北(太平镇),永仁(大田,仁和镇),广南(城,珠琳乡),广通*(西村,溯溪乡)。一共 98 县,123 单位,除去几个边远荒僻的县份,大概都有了代表。此外,1939年方师铎曾受管理中英庚款董事会的协助赴车里、佛海*去调查,他的报告里有几县可补前面的不足。

(乙) 台语研究

提到台语研究,我们首先得推崇李方桂。他在 1931 年,先到暹罗住了八个月,后来又到广西的龙州、武鸣一带调查;[5] 1942 年再到贵州、广西调查仲家语、侗语、莫语[6]、羊黄语等。现在综合他所收获的材料,已经够作比较研究的了。在抗战以前,他本有到云南来的计划,后来因故中辍,只在南京找到一位整董[7]摆夷发音人,得到不少材料。1940 年历史语言研究所没搬到李庄以前,他又在昆明调查了一次剥隘的土语。假使史语所不搬家,我想他对于云南的台语一定有大量的收获。现在把李先生和其他的工作列举如下:

(六) **整董摆夷语研究**,李方桂,1936 年,未发表。

1935 年陶云逵到云南来的时候曾替李先生物色了一位整董土司子弟赵映品带回南京。后来李先生请他发音,记录了许多故事和词汇,并灌制音档。陶先生也得到不少有关摆夷历史和文化的材料。

(七) **剥隘土语调查**,李方桂,1940 年,未发表。[8]

剥隘是云南富宁县的一个小村庄,地点毗连广西,所说的土语属于台语系。1940 年秋天由马学良替李先生找到一位会说土语的中学生。李先生曾经在龙泉镇花了两个月的工夫记录他的语言,并灌制了音档。

(八) **盈江摆夷语词汇**,张琨,1939 年,未发表。

张君受管理中英庚款董事会协助,在中央政治学校大理分校里找到一个盈江的摆夷学生,花去两个月工夫去调查他的语言,这篇便是张君的调查报告。全文共收一千余词,依照摆夷语音次序排列。

(九)**莲山**[9]**摆夷语文初探**,罗常培,1942年2月,未发表。[10]

著者第一次到大理旅行,在国立大理师范学校的边疆学生中找到一个莲山摆夷学生名叫李日恒。莲山现在属腾冲县,就是旧盏达土司所属地。李生通摆夷文字。我先把所谓"方文字母"的音值记出来,然后记录了一千多个字汇,二十几段会话,每词每句都并列着摆夷文字和国际音标注音。可惜李生不会讲长篇故事,所得的材料只限于这些词汇和会话而已。

(十)**云南罗平县境内台语**,邢庆兰[公畹],1942年,未发表。

罗平位于盘江南岸,和广西的捧鲊接壤。[11]县境内有一种说台语的部族,当地人称他做水户,或老水,细分起来,可分为两类:流行于喜旧溪和块泽河流域的叫仲家语。这一族旧《罗平县志》称为沙人。流行于八河和多衣河流域的叫侬语[12]。仲语区域,山高泉多,气候爽朗,汉人移居的极多,所以仲人汉化程度也极深。他们的语言除去老人还会讲外,差不多快要消亡了。侬语区域,高山夹峙,森林茂密,地湿雨多,水毒瘴烈,汉人不敢移住,所以他们的语言仍很流行。邢君所得的材料共有词汇三千多,长篇谈话共有《生活谭》两篇,《风俗谭》三篇,亲属制度一篇,故事和传说三篇。

(十一)**漠沙土语调查**,邢庆兰[公畹],1943年2月,未发表。[13]

漠沙是红河上游花腰摆夷的坝子。那年 2 月间邢君受南开大学文学院边疆人文研究室的委托，到这里调查，所得材料有民间故事和神话二十余则，翻译故事和风俗琐谈十余则，民歌若干首。

（十二）**元江水摆夷**[14]**语调查**，邢庆兰［公畹］，1943 年 5 月。

邢君在 4 月底结束花腰摆夷语调查后，继续到元江。元江是水摆夷的中心，所得结果，尚待续报。

（丙）藏缅语研究

云南境内的藏缅语族，共有倮倮、西番、藏人、缅人、山头五支，我们这几年内，除去藏人支外都做过一两种调查，现在分别列举如下：

（十三）**蒙自附近的一种倮倮语研究**，傅懋勣，1939 年。

国立北京大学中国文学系毕业论文，中央研究院历史语言研究所《人类学集刊》第 1 卷第 2 期。

这是傅君根据他所记蒙自中学学生张某的语言整理而成的。全文分音韵、语法、词汇三部分，已由吴定良收入他所主编的《人类学集刊》。

（十四）**利波语研究**，傅懋勣，1940 年，已送 *Harvard Journal of Asiatic Studies*，尚未发表。

利波是倮倮的一个支名，傅君在华中大学中国文学系任教时，曾受哈佛燕京社资助研究这种语言。原稿是用英文写成的。

（十五）**昆明附近的一种散民语**，傅懋勣，1941年，已送 Harvard Journal of Asiatic Studies，尚未发表。

散民是倮倮族的支名，或称撒尼。此篇也是傅君在华中大学时研究工作之一，原稿系用英文写成。

（十六）**撒尼倮语语法**，马学良，1941年，国立北京大学文科研究所毕业论文。[15]

撒尼是倮倮族的支名，他们居住的区域，以云南的路南、宜良、泸西、陆良等县和昆明近郊的几个村落较多。本文的材料是由路南县黑尼村得来的，黑尼村在路南县城东南三十里，这里的居民全是撒尼。马君所找的发音人叫张元昌，全部工作历时四个月，除将邓明德（Paul Vial）的《倮语字典》增补了许多词汇外，又记录了五十余则故事和若干条风俗琐谈及谜语。这部语法只有全部工作的一半，还有词汇和故事两部分没有整理出来。

（十七）**寻甸、禄劝两县黑夷语文调查**，马学良，1941年，未发表。

1941年冬天，中央研究院历史语言研究所派马君从李庄到云南调查黑夷的语言文字，历时一年，经过了寻甸、禄劝两县。他所得的材料，在语言方面记录了寻甸记夏哨、洗马宁两村和禄劝安多康村等三种方言，除将它们的音系理出外，还记了一些古诗歌和长篇故事。关于文字方面，他先在寻甸和一个粗识文字的毕摩[16]学了九百多个夷字，后来又到禄劝县找到一个学识很好的老毕摩学习半年多，把十部夷文经典翻译成汉文，还作了一部将近两千字的《夷文字典》。此外他又把所搜集的一千多部夷文经典编成一部目录提要，每部经典底下说明经文大意和巫师应用这部经典的步骤。附带着他又调查了许多礼俗,搜集了许多和礼俗有关的文物。

(十八)**昆明黑夷语研究**,高华年,1942年,国立北京大学文科研究所毕业论文,其中的语法一部分,已经由南开大学边疆人文室油印。[17]

1941年秋,高君在昆明第八区乐亩堡核桃箐村找到一位黑夷发音人杨富顺,花了四个月工夫,记录了三十几则故事,两千多个词汇。后来他就根据这批材料写成本文。内容分音系、借字、语法、词汇四部分。借字一章在全文中最为精彩。

(十九)**新平扬武坝纳苏语**[18]**调查**,高华年,1942年,未发表。

1941年暑假高君受南开大学文学院边疆人文研究室的委托到新平县属的扬武坝去调查。这篇报告便是他所得到的材料之一。纳苏译言黑人,实在就是黑夷自称的族名。但这种语言和昆明附近的黑夷语稍有方言上的差别,它分布的区域很广,从玉溪到新平的倮倮差不多都说这种语言。高君除理出它的音系和语法要点外,并且还学习了许多夷字。这部分夷字和路南、寻甸、禄劝等处的异同是颇值得注意的。

(二十)**新平扬武坝附近的窝尼语**,高华年,1942年,未发表。[19]

窝尼也属于倮倮支,他们分布在元江、墨江、峨山、新平、江城、宁洱一带和巴边江沿江高山上。这部分材料也是1942年夏天高君从扬武坝得来的。窝尼语的声母没有全浊塞音,但韵母却有舌根鼻尾,语法和黑夷语或纳苏语没有多大的出入，只有代词的主格宾格异式比较特别一点儿。

（二十一）**峨山窝尼语初探**，袁家骅，1943年。

1943年8月袁君到峨山调查，在脚落村和阿宝珠村找到两位窝尼发音人：一位名李永开，年四十七岁，善讲故事，对于音义颇能识别；一位名林荙臣，年六十岁，前清秀才，汉化甚深，是窝尼族人。所得材料一共有一千四百多个语词，十七篇故事，是从两位发音人参酌决定的。他发现这语言的特点：(1)没有全浊声母；(2)复元音很丰富，和黑夷语显然不同；(3)有六个声调，变调可起语法作用；(4)有连词音变的现象。全文已经在南开大学《边疆人文》第4卷发表。另有《窝尼语音系》一文在《学原》第1卷第12期发表。

（二十二）**记傈僳语音兼论所谓傈僳文**，芮逸夫，1939年。

傈僳也属于猓猡支，他们分布在云南西北毗连康藏的高原地带和云岭雪山、碧罗雪山、高黎贡山的几个山巅。这篇文章已在中央研究院历史语言研究所《人类学集刊》第1卷第2期发表，是芮君1935年冬天到1936年春天参加中英会勘滇缅南段界务时所得到的材料。他在离耿马土司城大约二十里一个叫做大平石头的地方，找到两个傈僳发音人，跟他们记了三百多个单词，几十句简单话，并搜得西洋教士所编的傈僳语音系统，共有二十八个辅音，十个单元音，五个复元音，六个声调，并且指出这个语言的四个特点：(1)单音节，(2)有声调，(3)全无韵尾辅音，(4)所借含有鼻韵尾的汉字大多数变鼻化元音。最后他比较傅能仁(J. O. Frazer)氏和其他两种所谓傈僳文，而加以批评。

（二十三）**福贡傈僳语初探**，罗常培，1942 年 2 月，未发表。

1942 年春天著者第一次旅行大理时，在大理师范学校的边疆学生里找到一位福贡的孙建廷。他是傈僳人，能说傈僳话，并且会写傅能仁所造的傈僳字母。我请他做发音人，记录了一千多个词汇和几段长篇谈话。全稿已整理完竣。

以上九种工作都属倮倮支。

（二十四）**丽江么些语调查**，罗常培，1940 年，未发表。

1940 年春天，著者在昆明找到云南大学学生丽江周汝冕君做发音人，记录了十几则故事，几首歌谣，后来因周君返里，工作中辍。现在已就既得材料整理成篇，即可付印。

（二十五）**维西么些语研究**，傅懋勣，1942 年，已发表在《华西大学文化研究所集刊》第 1 卷第 4 期（1940）和第 2 卷（1941）。

1941 年春季傅君在华中大学任教时，曾在中央政治学校大理分校找到一位维西县会说么些语的学生，这篇文章就是用那时所记的材料整理而成的。全文分上下两篇，上篇讲音韵，因在上海印刷，内地还没见到；下篇在成都付印，用罗马字代替国际音标。其中关于么些语法的几个观点已经比法人 Bacot 进步多了。

（二十六）**贡山俅语初探**，罗常培，1942 年 8 月，北京大学文科研究所油印本。[20]

1942 年 2 月著者到大理旅行，在大理师范学校的边疆学生里找到一位会说俅子语的孔志清，于是费了五十几小时的工夫，记录了七百多个字汇，几段长篇谈话，返昆明后整理成篇。内容分：(1)引言，(2)音系概略，(3)语法一斑，(4)俅语的系属，(5)日常会话，(6)汉俅词汇。

(二十七)**贡山怒语词汇**[21]，罗常培，1942年，未发表。

这篇材料是自大理师范学校的怒子[22]学生杨震昌，他的父亲是鹤庆人，母亲是怒子。因为他年纪太轻，不会讲故事，所以除去记录了将近一千个常用词汇外，没有旁的材料。

以上四种工作都属西番支。

(二十八)**茶山语调查**，罗常培，1943年，未发表。

著者1943年第二次到大理旅行，带回两位茶山人(Achit)，一个是片马董昌绍，一个是噬戛孔科郎。他们会讲茶山、浪速、山头三种土语，兼通缅文，略懂英语。我留他们在昆明住了两个半月，记录了二十几则故事，十二课会话，两千多个词汇，附带还得到浪速和山头两种材料。

(二十九)**浪速语调查**，罗常培，1943年，未发表。

浪速(Maru)和茶山是姊妹语言，音韵稍有不同，语言没什么大分别。这篇材料共有五则故事，十二课会话，一千多个词汇，也是从董昌绍、孔科郎两位间接得来的。

以上两种工作属于缅人支。

(三十)**山头语调查**，罗常培，1943年，未发表。

山头人旧称野人，也叫做"卡钦"(Kachin)[23]，片马一带又叫他们做"蒲蛮"，我恐怕和孟吉蔑族的蒲蛮相混[24]，所以还叫做山头人。他们分布在怒江和大金沙江中间，就是云南西北部滇缅交界的地方。这种语言比茶山、浪速较为通行，并且有美人韩孙(O. Hanson)所造的字母可印书报。董昌绍、孔科郎两位都精通山头话，我从他们记录了十则故事，十二课会话,一千多个词汇,并且把韩孙的拼音法式稍加增订。

此种工作属山头支。

(丁) 民家语

关于民家的系属,有的说属孟吉蔑族,有的说属摆夷,有的说属倮倮,有的说属卡伦。照我看是夷汉混合语,所羼杂的成分以藏缅语属占多数,不过有百分之七十已经汉化了。我到大理旅行,主要目的是为调查民家话。

在喜洲华中大学住了两个礼拜,得了不少材料,可惜几年来被旁的事纠缠还没能整理就绪。现在先列举其目如下:

(三十一) **兰坪拉马语**[25]**调查**,罗常培,1942年,未发表。

余庆远《维西闻见录》夷人章云:"那马本民家,即㝵人也。浪沧弓笼皆有之。地界兰洲,民家流入,已莫能考其时代,亦多不能自记其姓氏,么些谓之那马,遂以那马名之。语言实与民家无异。"照这样说来,拉马就是民家了。1942年2月,我在大理师范学校找到一个拉马学生杨根钰记了许多词汇,并且问了问语法要点。他说汉语时虽然自认为拉马人,但用土语说时却是"白子人"。所以,照我看,拉马是没汉化的白子,民家是已汉化的白子,实际是同源的。

(三十二) **大理民家语调查**,罗常培,1942年,未发表。

关于大理民家话,我一共记了三个单位:(1) 喜洲[26],发音人董学隆、杨国栋、张师祖;(2) 上甸中,发音人洪汉清;(3) 上马脚邑,发音人赵延寿。其中以喜洲的材料为多,除去词汇外还记了许多民歌和故事。

（三十三）**宾川民家语调查**，罗常培，1942年，未发表。

这部分材料的发音人名叫杨文彬，是五台中学的学生，他的籍贯虽属宾川，但只住在喜洲对岸的康廊乡，所以和喜洲话没有什么大不同的地方。

（三十四）**邓川民家语调查**，罗常培，1942年，未发表。

这部材料的发音人叫杨金镛，也是五台中学的学生。

（三十五）**洱源民家语调查**，罗常培，1942年，未发表。

发音人李月超，五台中学学生。洱源和邓川都有浊塞声母，和大理、宾川不同。

（三十六）**鹤庆民家语调查**，罗常培，1942年，未发表。

发音人陈增培，五台中学学生。

（三十七）**剑川民家语调查**，罗常培，1942年，未发表。

在我到大理去以前，曾经找到一位云南大学注册组织员杨绩彦和一位中法大学学生王光间。他们都会讲剑川民家话，我只调查了几次便到大理去了。到大理后，我又请了大理师范学校的学生赵衍孙做发音人，他是《白文考》著者赵式铭的孙子。

（三十八）**剑川民家故事记音**，袁家骅，1942年，未发表。

我第一次在昆明调查剑川话时，袁先生也颇感兴趣，参加记音。后来我到大理，他便请王光间君继续发音，一共记了十几则故事，后来又请了一位云南大学学生张纪域复核一次。袁先生的治学态度很谨严，他所得的结果一定很精确。

（三十九）**云龙民家语调查**，罗常培，1942年，未发表。

发音人杨绍侯，大理师范学校学生，后来在云南大学读书。

（四十）**泸水民家语调查**，罗常培，1942年，未发表。

发音人段隽中,大理师范学校学生。

(戊) 苗语研究

云南境内说苗语的人多散处在各山地间,因为发音人不易寻求,这几年内我们只作了一种:

(四十一) **峨山青苗语调查**[27],高华年,1943年。

1943年8月高君受南开大学边疆人文研究室的委托,在峨山化念乡莫右村找到一位青苗[28]发音人,一共记了两千多个语词,二十个故事,二十首山歌。他发现这个语言的特点:(1)舌根和小舌的塞音分成两套,(2)有鼻音和塞音合成的声母,(3)有复辅音,(4)鼻音、边音、擦音也有送气音,(5)有八个声调,但两个短调可以并在长调内。

以上五纲四十一目是我们这几年来对于云南语言研究的工作概况,参加工作的直接间接都跟我和李方桂先生有关系。将来希望每人专攻一个支系,然后拼起来再作综合的研究。可惜属于孟吉蔑族的蒲蛮语和瓦崩龙语[29],因为不能深入"葫芦王区",又找不到适当的发音人,这几年一直没能开始工作。这实在是很大的遗憾。此外,张琨1939年在大理时,也得到一些民家话和傈子话的材料,原稿均缴存管理中英庚款董事会,一时无从检寻,所以没来得及列入。闻在宥[30]在云南大学任教时,听说也搜集了一些民家、倮黑、么岁、摆夷的材料,可惜全文尚未发表,所以本篇暂不论列。

最后,我想拿一个故事作结:费孝通先生在《关于功能派文化论》里说他的老师马邻诺斯基(B. Malinowski)教授当第一次"欧洲战起正在新几内亚之北,所罗门岛之西的一个叫做 Trobriand 小岛上工作。他既是波兰籍,是协约国敌人中的朋友,所以除了不能自由离境外,他在土人中仍可继续工作下去。这个战事无意中玉成了他实地研究的素志,而 Trobriand 小岛也就成了功能派人类学的发祥地"。自然我们现在的处境有许多地方还和马教授不同;可是,自从抗战以来留在后方的云南,一住六年,因为道义、人情、交通、经济种种约束,不能或不肯"自由离境",却是真的。那么,我们何妨仿效马教授在 Trobriand 岛上的精神,充分利用现在的环境,尽量搜集这块土地上所有的语言材料,给汉藏语系的比较研究奠定了基石,岂不给中国语言学史添了一张新页吗?

1943 年 5 月 21 日,昆明青园

注释

[1] 凤仪,云南旧县名,1960 年合并入大理县,1983 年大理县与下关市合并为大理市。

[2] 邓川,云南旧县名,1960 年并入洱源县。

[3] 云南全省方言调查,杨时逢等《云南方言调查报告(汉语部分)》于 1969 年在台北作为史语所专刊之五十六出版。

[4] 昆阳,云南旧县名,1958 年并入晋宁县。

河西,云南旧县名,1956 年与通海县合并为杞麓县,1960 年改名通海县。

宁洱,即今云南普洱哈尼族彝族自治县县政府所在地宁洱镇。元置元江路,明属车里军民宣慰司,清设宁洱县,为普洱府治

所。1951年改普洱县,1985年改设普洱哈尼族彝族自治县。

缅宁,云南旧县名,1954年改名临沧县。

顺宁,云南旧县名,1954年改名为凤庆县。

镇南,云南旧县名,1954年改名为南华县。

蒙化,云南旧县名,1954年改设巍山县,1956年分为巍山彝族自治县和永建回族自治县,1960年合并为巍山彝族回族自治县。

盐兴,云南旧县名,1958年并入广通县,1960年广通县并入禄丰县。

罗次,云南旧县名,1960年并入禄丰县。

平彝,云南旧县名,1954年改名富源县。

广通,云南旧县名,1960年并入禄丰县。

佛海,云南旧县名,1929年设县,1954年改为版纳勐海,1960年改为勐海县。

[5] 李方桂《龙州土语》1940年作为史语所单刊甲种之十六,由上海商务印书馆出版。《武鸣僮语》1953年由中国科学院语言研究所在上海商务印书馆作为内部参考资料印刷,1956年作为史语所单刊甲种之十九在台北出版。《莫话记略》1941年作为史语所单刊第二十种初版印行,1948年又收在《史语所集刊》第十九本。

[6] 莫语,居住在贵州省黔东南布依族苗族自治州荔波县一部分布依族人所说的话。说这种话的人都姓莫,据1985年统计,一共有约15000人。莫语即莫话,属侗水语支。

[7] 整董,镇名,在今普洱市江城县西南。

[8] 《剥隘土语》1951年在台北《史语所集刊》第二十八、二十九本发表。龙州土语、武鸣僮语、剥隘土语都是壮语方言。

[9] 莲山,云南旧县名,在德宏地区,1960年并入盈江县。

#[10] 《莲山摆夷语文初探》于1950年由北京大学出版部出版。

#[11] 捧酢,现归贵州省兴义市,其语言属布依语第一土语(据喻世长等《布依语调查报告》,1959年,科学出版社)。

[12] 侬语,自称布侬的壮族使用的语言。

#[13] 漠沙土语调查,这一调查稿经1980年复查修订,已由语文出版社于1989年出版,书名《红河上游傣雅语》。

[14] 水摆夷,汉族称部分傣族,因濒水而居,住竹楼而得名。

#[15] 撒尼倮语调查,后改名《撒尼彝语研究》,1951年作为中国科学院语言所语言学专刊由商务印书馆出版。

[16] 毕摩,彝族巫师。也称白马、呗耄、西波。

#[17] 昆明黑彝语研究,后改名《彝语语法研究》,末附《纳苏语中汉语借词研究》,于1958年11月由科学出版社出版。

[18] 纳苏,又作诺苏,彝族自称。

#[19] 新平扬武坝附近的窝尼语,后改成《扬武哈尼语初探》,发表于《中山大学学报》1955年第2期。

#[20] 贡山俅语初探,后发表于北京大学《国学季刊》第7卷第3期,1952年。俅语今称独龙语,有可能属藏缅语族的北部语群。

#[21] 贡山怒语词汇,贡山怒语在20世纪50年代以后深入调查研究后被确定为独龙语的怒江方言。这份材料收入《罗常培文集》第四卷。

[22] 怒子,即怒族。

[23] 卡钦,今作克钦人,自称景颇。缅甸民族,也有一部分在印度,与中国景颇族同源。2001年时有70万人。

[24] 蒲蛮,亦称朴子蛮,古籍中称濮人的名称,为布朗族先民。
孟吉蔑,当是孟高棉(Mon-Khmer)的旧译。今布朗语属孟高棉语族佤德昂语支。这里孟吉蔑族,当指今布朗族,汉晋称濮,唐宋称朴子蛮,元至清称蒲蛮或濮曼;明时分称其中后来

称为佤族的为哈剌,清称崩龙(当与下文"瓦崩龙"有关);其余部分仍称蒲蛮。

[25] 拉马,即下文的那马,纳西族对云南兰坪、维西一带白族的称谓。

[26] 喜洲,云南大理市区北部的一个镇。

#[27] 峨山青苗语调查,后写成 The Phonology of Qing-miao,发表于《中山大学学报》1982 年第 4 期,文章前面有中文提要。

[28] 青苗,苗族的一支。苗族分布甚广,各地的苗族以服饰等的不同,分为青苗、白苗、黑苗、花苗等 83 种。清乾隆年间所编《皇清职贡图》卷八专述贵州各民族的头饰、服饰。清佚名《百苗图》称,贵州修文、镇宁等处青苗,"其人衣尚青,入出必佩刀携弩;妇人以青布蒙首,缀以珠石,短衣短裙"。苗族主要分布在贵州,所以清朝至民国文献,记载贵州苗族的甚多,记载云南苗族的少。

[29] 瓦崩龙语,经 20 世纪 50 年代民族调查,认定瓦和崩龙是两个民族,瓦族定名为佤族;崩龙族,1985 年经国务院批准,改称德昂族。佤族、德昂族、布朗族的先民,同属古代称为濮人的一支。

[30] 闻宥,闻宥(1901—1985),字在宥,今上海松江人,先后任教燕京大学、四川大学、云南大学、西南联合大学、中央民族学院等高校,民族语研究方面著作甚丰,有《论字喃之组织及其与汉字之关涉》《论爨文丛刻兼论㰀文之起源》《民家语中同义学之研究》《川西羌语之初步分析》《论所谓南语》等。

著者其他著作

厦门音系　历史语言研究所出版,1930年,北京。

唐五代西北方音　历史语言研究所出版,1933年,上海。

国音字母演进史　商务印书馆出版,1933年,上海。

十韵汇编(与刘复、魏建功合著)　北京大学出版部出版,1935年,北京。

高本汉《中国音韵学研究》(与赵元任、李方桂合译)　商务印书馆出版,1937年,上海。

临川音系　商务印书馆出版,1939年,上海。

贡山俅语初探　北京大学文科研究所油印论文之三,1942年,昆明。

北平俗曲百种摘韵　国民图书出版社出版,1942年,重庆。

中国音韵学导论　北京大学出版部出版,1949年,北京。

八思巴文和元代官话　全稿完成,待印。

恬庵语文论著甲集目录

(1942年结集,未刊)

戴东原续方言手稿序

泰兴何石闾韵史稿本跋

段玉裁校本经典释文跋

古逸丛书影宋大字本尚书释音跋

法伟堂校本经典释文跋

唐写本经典释文残卷四种跋

校印莫友芝韵学源流跋

杨选杞声韵同然集跋

敦煌写本守温韵学残卷跋

元至治本通志七音略序

十韵汇编序

蒙古字韵跋

附录二篇

庄子内篇证补序　代蔡孑民师作

史通增释序

著者未结集之论文目录

1928 年

切韵探赜　中山大学语言历史研究所周刊第 3 集,25 期。

切韵序校释　同上(以上两篇均待重订)

1929 年

耶稣会士在音韵学上的贡献　《历史语言研究所集刊》(以下简称《史语集刊》)第 1 本,第 3 分。

1930 年

切韵鱼虞之音值及其所据方音考　《史语集刊》第 2 本,第 3 分。

中原音韵声类考　同上,第 2 本,第 4 分。

释重轻(等韵释词之三)　同上。

1931 年

知彻澄娘音值考　《史语集刊》第 3 本,第 1 分。

梵文腭音五母之藏汉对音研究　同上,第 3 本,第 2 分。

1932 年

切韵闭口九韵之古读及其演变　蔡元培先生六十五岁庆祝论文集上册。

释内外转(等韵释词之二)　《史语集刊》第 4 本,第 2 分。

1933 年

刘献廷学述　《齐鲁大学季刊》。

1934 年

中国方音研究小史　《东方杂志》第 31 卷,第 7 号。

1935 年

中国音韵学的外来影响　《东方杂志》第 32 卷,第 14 号。

读牟应震诗经古韵考　天津《益世报读书周刊》第 42 期。

1936 年

旧剧中的几个音韵问题　《东方杂志》第 33 卷,第 1 号。

1937 年

音标派别及国际音标之来源　《东方杂志》第 34 卷,新年特大号。

绩溪方言述略　北京大学出版部排印本。

经典释文及原本玉篇反切中的匣于两纽　《史语集刊》第 8 本,第 1 分。

1938 年

从四声说到九声　《东方杂志》第 36 卷,第 8 号。

1939 年

八思巴文和元代官语自序　北平图书馆《图书季刊》新第 1 卷,第 1 期。

1940 年

误读字的分析　《东方杂志》第 37 卷,第 18 号。

1941 年

现代方音中的古音遗迹　《文史杂志》第 2 期。

昆明话和国语的异同　《文史杂志》第 4 期。

汉字标音方法之演进

伯希和对于中国音韵学研究的启示

艾约瑟在中国音韵学上的贡献

评武尔披齐利的中国音韵学

评商克的古汉语发音学

　　以上五篇均于抗日战争时,香港沦陷前,送登《岭南学报》。

查尔默的汉语入声声尾说　《东方杂志》第 38 卷,第 22 号。

介绍高本汉的中国音韵学研究　《中央图书馆月刊》第1卷,第7、8期合刊。

耶稣会士在音韵学土之贡献补　稿成未刊。

1942年

从语言上论云南民族的分类　《边政公论》第7、8期合刊。

评费兹哲拉尔德的"五华楼"(C. P. Fitzgerald, *The Tower of Five Glories*, London, 1941)　《旅行杂志》第16卷,第10期。

1943年

王兰生与音韵阐微　《学术季刊》第1卷,第3期。

周秦古音之新问题及近人之贡献　昆明西南联大油印本

唐诗百首拟音　昆明西南联大油印本。

1944年

论藏缅族的父子连名制　《边疆人文》第1卷,第3、4期合刊。

再论藏缅族的父子连名制　《边政公论》第3卷,第9期。

三论藏缅族的父子连名制　《边疆人文》第2卷,第1、2期合刊。

茶山歌　《边疆人文》第1卷第5、6期合刊。

1945年

Indian Influence on the Study of Chinese Phonology, *Sino-Indian Studies*, I, pt. 3, March, 1945, Calcutta.

A Preliminary Study on the *Trung* Language of Kung-Shan, *H. J. A. S.*, VIII, No. 3 and 4, March, 1945, Boston.

The Genealogical Patrouymic Name Linkage System of the Tibeto-Burman Speaking Tribes, *H. J. A. S.*, VIII, No. 3 and 4, March, 1945, Boston.

The Traits of the Chinese Language, Read before the College Club, June 19, 1945, Claremont, California.

A Bird's Eye View of Chinese Literature, Read before Claremont

College Summer Session, July 17, 1945, Claremont California.

1946 年

Languages and Dialects in China, Read before Paul Pelliot Memorial Seminar, University of California, July 25 1946, Berkeley, California.

1947 年

Phonetic Substitution in Chinese Loanword from Indic, Read before the 157th Meeting of American Oriental Society, April 17, 1947, Washington D. C.

The Prefix n- in the Kachin Language, Read before Summer Meeting of the American Linguistic Society August 2, 1947 Ann Arbor, Michigan.

Review to Yyrn Ren Chao and Lien Sheng Yang, *Concise Dictionary of Spoken Chinese*, H. J. A. S. X, No. 3 and 4, December, 1947, Boston.

1948 年

Evidence on Amending Bernhard Karlgren's Ancient Chinese j- to $ɣj$-, Read before the 158th Meeting of the American Oriental Society, March 30, 1948. New York.

Further Remarks on the Genealogical Patronymic Name Linkage System of the Tibeto-Burman Speaking Tribes (to be published in *H. J. A. S.*)

Chinese Loanword from Indic, (Manuscript completed)

1949 年

Nouvelle Remarque sur le lien Gènéalogique du Patronyme chez les Tribus de Langue Tibèto-Birmane, *Han Hiue* (《汉学》), V. II. faso. 4, Pekin.

注释索引

本索引标示置于各章之后的注释,前一个阿拉伯数字代表章,汉字代表附录序号,后一个数字代表在该章或该附录的顺序。

Bactria	4—12	百灵庙	6—13
Chipewyan 人	2—10	摆夷	3—9
Gaelic 语	5—3	版筑	2—2
Hare 人	2—11	褒信	三/8
Manx 语	5—2	沘	5—11
Saka 语	6—2	笔	2—1
settsu 省	4—38	毕摩	四/16
阿卡	6—22	编砌式	2—3
阿佩其族	8—8	波斯	4—1
阿萨密	7—5	波希米亚	2—7
阿他巴斯干族	2—9	剥隘土语	四/8
阿阇黎	6—9	博物志	4—41
安丰	5—9	亳州	5—8
安州	三/11	僰夷	6—37
巴苏图人	7—12	苍培	5—19
菝葜根	4—43	藏晖室札记	一/17
白古记	6—28	曹州	三/10
白雪遗音	一/4	曹子建	一/7
白夷	6—38	查斯他扣斯他人	2—13
白子	6—39	茶山	3—8

车里	6—33	峨山青苗语调查	四/27
崇善	5—19	峨特语	2—4
滁州	5—8	鄂州	三/19
窗	2—6	尔雅翼	4—24
辍耕录	4—29	菲济	7—2
词语与生活	3—11	丰	三/26
从表婚	7—1	封川	5—19
爨文丛刻	一/10	凤仪	四/1
打火石	8—5	佛海	四/4
大般若经	一/18	符保卢	6—15
"大中国"	6—34	负暄杂录	4—23
戴乐尔	1—2	复州	三/12
戴良	6—6	高明	5—19
丹	5—11	高智升	6—35
德安府	一/21	贡山怒语词汇	四/21
登莱半岛	5—12	贡山俅语初探	四/20
邓	5—11	光	三/22
邓川	四/2	光州	5—10
丁鹤年	6—5	广通	四/4
丁文江	6—42	归善	5—19
东胡	4—6	贵县	5—19
东莞	5—6	桂管	三/16
窦州	三/29	桂州	三/17
独龙族婚姻	7—24	郭家声	4—45
杜还	4—21	虢州	三/23
杜文秀	一/16	果德	5—19
段安节	4—18	海康	5—19
段智兴	6—8	海阳	5—19

邗沟	5—14	蒋彬	6—29
和州	5—8	金牛道	5—13
河西	四/4	景栋	一/15
赫勒人	7—11	敬德	5—19
黑彝	3—5	舅	7—16
衡	三/18	卡钦	四/23
弘农	三/4	开宝本草	4—25
洪都	三/3	开建	5—19
洪煨莲	6—17	堪察达尔人	7—8
洪州	三/13	科里雅克人	7—7
湖广	一/20	克勒特语	5—1
花腰	5—22	口语	8—11
化县	5—19	昆阳	四/4
淮南道	三/11	昆明黑彝语研究	四/17
黄州	三/11	拉马	四/25
会乐	5—19	兰陵	5—6
圂	2—16	琅邪	5—15
霍屯督人	7—10	朗州	三/12
鸡林类事	8—12	浪速	7—14
吉	三/26	骊軒	5—4
吉拉基语	4—15	李白	一/8
吉州	三/14	李方桂	四/5
嘉祐补注本草	4—26	李玄伯	4—31
建昌	三/33	莲山	四/9
建州	三/15	林耀华	7—15
江南道	三/13	临安	三/20
江州	三/13	临川	三/1
江州	三/27	灵山	5—19

凌纯声	6—43	蒙化	四/4
榴江	5—19	孟吉蔑	四/24
柳仁	5—19	孟遮	6—24
龙津	5—19	孟族	5—25
龙州土语	8—10	米诺美尼人	8—3
庐州	三/11	密吉尔族	7—6
路南	3—3	密瓦克人	7—23
吕人	8—15	密支那	5—24
罗次	四/4	缅宁	四/4
罗罗	一/11	民家	6—20
罗香林	三/2	明江	5—19
罗愿	4—14	明州	三/31
倮倮	2—5	莫语	四/6
雒容	5—19	漠沙土语调查	四/13
马尔	8—1	睦州	三/21
马孔德人	7—13	那地	5—19
马来内西亚	7—18	那马	5—19
马邻诺斯基	1—3	那洼和人	2—12
马约翰	6—16	那喜	一/9
马匪特哥人	7—17	纳苏	四/18
马致远	一/3	南海	5—19
马祖常	6—10	南诏源流纪要	6—30
麦肯齐山	2—8	碉州	三/32
蛮司合志	一/14	宁洱	四/4
毛诗	一/5	聂斯脱里派	6—14
毛奇龄	一/13	侬语	四/12
么步	6—21	怒特迦语	3—10
蒙古源流	4—34	怒子	四/22

番禺	5—19	融县	5—19
培补罗族	8—7	汝	三/22
捧酢	四/11	芮逸夫	5—18
片马	3—7	润州	三/13
平彝	四/4	撒尼	3—4
平治	5—19	撒尼倮语调查	四/15
葡萄	4—13	萨皮尔	1—1
蒲蛮	四/24	三水	5—19
濮达	4—11	山南道	三/12
濮州	三/9	山头语	5—21
蕲州	三/11	山西	三/14
麒麟	4—40	陕州	三/23
乞布察人	7—9	申	三/22
起立迦华语	8—9	申州	三/11
迁江	5—19	沈亚之	4—20
虔化	三/24	慎	三/8
虔南	三/35	圣武亲征录	4—33
虔州	三/14	师比	4—7
乔梦符	一/1	师子	4—4
侨郡县	5—27	石城	5—19
侵显人	3—13	释名	2—15
"秦"的对音	4—39	噬嗑	6—23
青苗	四/28	寿州	三/11
清秘藏	4—30	舒州	三/11
龟兹	5—5	水摆夷	四/14
俅子	3—1	水家	8—15
饶州	三/14	水西	6—25
人猿泰山	4—3	顺宁	四/4

思恩	5—19	宛	5—11
松滋郡	三/6	万丹	4—42
宋	三/8	万冈	5—19
宋景文笔记	8—13	万县	5—19
宋书	一/6	汪古部	6—12
绥渌	5—19	王渔阳	4—35
隋州	三/12	威希蓝人	7—20
塔戛劳格语	8—4	维达人	7—4
台语	5—23	闻在宥	四/30
汰人	6—27	窝尼	一/12
谭其骧	5—7	吴禅国山碑	4—9
潭州	三/13	吴乾就	6—40
陶云逵	6—32	武丁	8—2
特罗不连得群岛	7—19	婺州	三/21
天保	5—19	西番	6—19
天河	5—19	西康	6—26
天开	一/19	西隆	5—19
田西	5—19	西戎	3—12
汀州八属	三/24	西域记	6—4
通加人	7—22	喜洲	四/26
通俗文	2—14	厦门语贷词	4—37
同正	5—19	仙药录	4—17
图经本草	4—27	暹罗	4—2
土语	3—6	香祖笔记	4—36
吐火罗语	4—5	湘源	6—31
托达人	7—3	向都	5—19
瓦崩龙语	四/29	象县	5—19
瓦城	8—14	信州	三/14
		修仁	5—19

徐	三/22	俞樾	6—7
徐文范	三/7	雩都	三/28
宣州	三/13	玉蜀黍	8—6
寻阳	三/5	郁洲	5—17
珣玗琪	4—8	元来	2—12
循州	三/30	云南备徵志	6—36
崖门	三/32	云南全省方言调查	四/3
雅希人	7—21	乐府杂录	4—19
盐兴	四/4	乐府群玉	一/1
兖	三/22	岳州	三/13
羊黄	8—15	张星烺	6—11
杨志玖	4—10	张彦远	6—3
洋泾浜英文	4—44	赵萝蕤	6—18
养利	5—19	赭支	4—22
姚宽	4—16	珍玩考	4—28
夷族	3—2	镇边	5—19
宜北	5—19	镇结	5—19
义宁	5—19	镇南	四/4
鄞州	三/12	镇平	三/34
颍	三/22	整董	四/7
颍州	5—8	郑德辉	一/2
永	三/18	中国古代社会新研	4—32
永淳	5—19	钟离	5—16
于阗	6—1	仲家	8—15
余庆远	6—41	左县	5—19